Schule wirkt.

Wie Schulleitungen und Lehrkräfte Hattie-Erkenntnisse optimal nutzen können

Regine Berger
Dietlinde Granzer
Wolfgang Looss

Die Autoren

Regine Berger war in der Lehrerausbildung/-fortbildung tätig, hat als Seminarleiterin gearbeitet und in der Schulaufsicht bzw. -beratung. Zurzeit ist sie Seniorpartnerin am Institut für angewandtes Schulmanagement in Stuttgart.

Die beruflichen Stationen von **Dr. Dietlinde Granzer** sind Lehrerausbildung, Arbeit an Universität, Kultusministerium, am IQB in Berlin und am Institut für angewandtes Schulmanagement in Stuttgart. Zurzeit arbeitet sie in der Schulverwaltung in Baden-Württemberg.

Dr. Wolfgang Looss arbeitet seit 25 Jahren als Organisationsberater, Personalentwickler, Coach, Trainer und Supervisor.

Projektleitung: Gabriele Teubner-Nicolai, Berlin
Redaktion und Sachzeichnungen: Stefan Giertzsch, Werder (Havel)
Umschlagkonzeption/-gestaltung: Ungermeyer, Berlin
Layout/technische Umsetzung: LemmeDESIGN, Berlin
Fotos: S. 37, 86, 88–90: IfaS

www.cornelsen.de

Die Links zu externen Webseiten Dritter, die in diesem Titel angegeben sind, wurden vor Drucklegung sorgfältig auf ihre Aktualität geprüft. Der Verlag übernimmt keine Gewähr für die Aktualität und den Inhalt dieser Seiten oder solcher, die mit ihnen verlinkt sind.

1. Auflage 2015

© 2015 Cornelsen Schulverlage GmbH, Berlin

Druck: CPI – Clausen & Bosse, Leck

ISBN 978-3-589-15674-0

 Inhalt gedruckt auf säurefreiem Papier aus nachhaltiger Forstwirtschaft.

Inhalt

I   Feedback nach Hattie

II   Die eigene Wirksamkeit messen

III Lernen sichtbar machen

IV Zielgerichteter Dialog

Anhang

Vorwort

Wenn sich Personen unterhalten, die entweder selbst erfahren haben, wie es ist, an einer Schule im englischsprachigen Kontext zu lernen oder zu lehren, oder auch Kinder und Jugendliche erlebt haben, die von einem Aufenthalt an einer solchen Schule berichten, so ähneln sich in der Regel die Berichte. Die persönliche Entwicklung der Rückkehrer wird als sehr positiv wahrgenommen, die Schüler erzählen meist begeistert von ihren Erfahrungen und betonen, dass vor allem das Gefühl der Gemeinsamkeit beim Lernen an der Schule toll war. Sicher gibt es auch hier andere Erfahrungen, aber die positiven überwiegen und passen in diesem Duktus zu dem Anspruch von John Hattie, der dies wie folgt in einer E-Mail formulierte (13. 01. 13):

„(...) Ich sehe es als die Hauptaufgabe aller an, dafür zu sorgen, dass die Schule ein Ort ist oder wird, zu dem die Schüler gerne gehen, dort bis zum Abschluss bleiben, aber vor allem auch lernen, sich aktiv am Lernprozess zu beteiligten und damit auch lernen, Verantwortung für das eigene Lernen zu übernehmen! Weg vom defizitorientierten Lernen hin zur Freude am Lernen, zur Begeisterung für die Erfahrung bewusst zu lernen! Und... mehr Respekt für das, was die Schüler täglich leisten!"

Das ist eine Botschaft, die Pädagogen weltweit elektrisiert. Die Fragen, die sich uns, dem Autorenteam stellten und die uns auch bewogen haben dies Buch zu schreiben, waren unter anderem: Welche Lernfaktoren wirken am besten? Was gilt es zu wissen, zu verstehen und wie kann das alles funktionieren? Was motiviert, was eher nicht?

Ganz klar war, dass es einen Teil in dem Buch geben musste, der sich mit dem Verstehen des „Neuen" oder des „Anderen" beschäftigen würde, aber gleichermaßen mit dem Wissen um das, was John Hattie unter den Begrifflichkeiten versteht. Aber auch die Frage des „Wie soll das denn gehen?" sollte Raum finden. Welche Materialien und Instrumente können genutzt werden?

Das Herausgeberteam hat sich bei der Entstehung des Buches bewusst für die Eckpfeiler Wissen – Verstehen – Handeln entschieden. Der Bereich Wissen wird verantwortet von Dietlinde Granzer, der Bereich Verstehen von Wolfgang Looss und der Bereich Handeln von Regine Berger. Aus den jeweiligen Perspektiven werden die ausgewählten Wirkfaktoren und pädagogischen Ansätze beschrieben, betrachtet und mit Blick auf die Umsetzung konkretisiert. Der Reiz beim Lesen besteht auch darin, dass die Autoren durch ihren persönlichen Stil die Unterschiedlichkeit präsentieren, die der Thematik selbst entspricht.

Das Buch gliedert sich in vier Teile:

Im **Kapitel I** wird das Feedback aus drei verschiedenen Perspektiven betrachtet. Zuerst wird im Wissensteil kurz in die Hattie-Studie eingeführt und das Verständnis von Feedback nach Hattie/Timperley erläutert. Darauf folgt der Verstehensteil, in dem das Wissen in einen komplexeren Kontext gestellt und aufgearbeitet wird mit Blick auf die Herausforderungen, die daraus für die Schule und Schulentwicklung resultieren.

Schließlich werden im Teil Handeln konkrete Vorschläge und Instrumente für die Umsetzung beschrieben.

Das **Kapitel II** befasst sich mit dem Thema „Wirksamkeit messen" im wissenschaftlichen und schulischen Bereich. Im Teil Verstehen wird die als pädagogische Kategorie einschließlich der für Messungen notwendigen Voraussetzungen reflektiert, aber auch das Unbehagen thematisiert, das dieses Thema im pädagogischen Feld auslöst. An einem handlungsorientierten Zugang – dem Falten – wird exemplarisch aufgezeigt, wie im schulischen Kontext auf der Basis der Messung von Kompetenzen auch Delta-Werte erstellt und mit den Ergebnissen umgegangen werden kann.

Im **Kapitel III** wird der Ansatz „Lernen sichtbar machen" vorgestellt, der wichtige lernförderliche Aspekte wie formative Evaluation, Arbeiten mit Zielen, Selbsteinschätzung und Aktivieren von Strategien/Metastrategien umfasst. Auch diese Aspekte werden in einen übergeordneten Kontext (Verstehen) verortet, beleuchtet und anschließend verschiedene Möglichkeiten der Umsetzung beschrieben.

Das **Kapitel IV** schließlich befasst sich mit dem zielgerichteten Dialog, der sich als zentrale Größe innerhalb und außerhalb des Klassenzimmers erweist. Zuerst werden drei verschiedene Konzepte vorgestellt, die den Dialog und die Diskussion über das Lernen in das Zentrum stellen. Komplettiert werden diese durch einen datenbasierten Ansatz, bei dem der Dialog über das Lernen im Unterricht verortet wird. Im Verstehensteil werden diese Gesprächsformen pädagogisch und kommunikationstheoretisch hinterfragt: Was muss man als Lehrkraft, als Schulleitung verstehen und verstanden haben, um in diesem Sinne agieren zu können? Schließlich wird das Instrument „Lebenswelt lernen" beschrieben und aufgezeigt, wie Dialoge initiiert, in die Klasse hineingetragen und in Prozesse der Unterrichts-/Schulentwicklung übergeführt werden können.

Wir haben Schulleitungen nach ihrer Einschätzung gefragt und waren sehr positiv überrascht, wie viele uns geantwortet haben. Die Ergebnisse der Befragung waren unsere Richtschnur für den Aufbau des Buches. Sie können mit dem Lesen da beginnen, wo es Sie am meisten reizt. Auch der Wechsel zwischen den Kapiteln ist möglich. In jedem der Kapitel finden Sie die drei Aspekte Wissen, Verstehen und Handeln ausgeführt, die für uns handlungsleitende Orientierungen darstellen.

Mit sehr großem Respekt vor der Leistung dessen, was Schulleitung heute leisten muss, ist ein Buch – für Schulleitungen und Kollegien gleichermaßen interessant – entstanden, das deutlich macht, dass Schule wirken kann, indem die Bildungsverwaltung und die Schulleitung ihre Führungsaufgabe systematisch umsetzt und so auch für Lehrkräfte einen verlässlichen Boden schafft, der die herausfordernde und begeisternde pädagogische Arbeit in der Klasse erleichtert.

Alle Schulleitungen, die an der Befragung teilgenommen und uns den Namen ihrer Schule übermittelt haben, führen wir hier auf:

Alexander-von-Humboldt-Schule Lauterbach · Astrid-Lindgren-Schule Erbach · Bischof-Ketteler-Schule · Don-Bosco-Schule Künzell · Eichendorffschule Kelkheim · Engelsburg-Gymnasium Kassel · Erich-Ohser-Schule · Friedrich-Feld-Schule · Friedrich-List-Schule Kassel · Geinsheimer Schule · Georg-Christoph-Lichtenberg-Schule Ober-Ramstadt · Gerhart-Hauptmann-Schule Rüsselsheim/Königstädten · Gerhart-Hauptmann-Schule Dreieich · Geschwister-Scholl-Schule Mühlheim am Main · GGS Diesterwegstr. Köln · GGS Unter Birken · GMS Schwaikheim · Goetheschule Lampertheim · Grundschule am Urselbach Oberursel · Grundschule München an der Blumenauers · Grundschule Oberes Ohmtal · Grüneberg-Schule · Gymnasium Nidda · Haingarten-Schule Bruchköbel · Hans-Elm-Schule Sinntal · Jung-Stilling-Schule Ewersbach · Karl-Gärtner-Schule · Kasinoschule Beratungs- und Förderzentrum Frankfurt am Main · Käthe Kollwitz Schule Marburg · Martinsschule · Märkisches Gymnasium Schwelm · Otfried-Preußler-Schule Köln · Regenbogenschule Ebsdorf · Schlossbergschule Auerbach · Silcherschule Fellbach · Städt. Katholische Grundschule Köln · Swiss International School Fellbach Germany · Wilhelm-August-Lay-Schule (Grund-, Werkreal- und Realschule) Bötzingen · Wilhelmschule Kehl · Wolfgang-Ernst-Gymnasium Büdingen

Wir bedanken uns an dieser Stelle noch einmal herzlich bei allen für die Mitwirkung, durch die die inhaltliche Gestaltung dieses Buches wesentlich beeinflusst wurde!

Notiz: Aus Gründen der besseren Lesbarkeit wird in diesem Buch weitgehend die männliche grammatische Form der Ansprache verwendet. Natürlich sind die weiblichen Adressaten damit genauso angesprochen. Wir bitten um Verständnis.

Regine Berger, Dietlinde Granzer, Wolfgang Looss
April 2015

Die Inspektion des Neuen
Wolfgang Looss

Innovation schafft Irritation

Man kennt das ja aus der Geschichte des Wissens und der Welterklärungen: Wann immer eine umfassende konzeptionelle Aussage aus der Wissenschaft die zugehörige Praxis erreicht, dort Irritationen auslöst, Diskussionen und Auseinandersetzungen hervorruft und damit an Bedeutung gewinnt, wann immer also der „Fortschritt" beim Status quo anklopft und ihn bedroht, es entstehen stets ähnliche Muster, was die Rezeption der neuen Aussage angeht. Die relevante Population, die von den neuen Aussagen irgendwie betroffen ist, spaltet sich auf in abgrenzbare Untergruppen mit vielen Schattierungen: Es gibt Begeisterte, die ein williges Gefolge bilden, es gibt Skeptiker, die zur Vorsicht mahnen, es gibt wohlwollende Prüfer, die zum vorurteilsfreien neuen Nachdenken aufrufen und es gibt auch heftig entrüstete Gegner, die das Neue, das Fremde rundweg ablehnen und bekämpfen. Der angesprochene Sektor der Welt gerät also in Aufruhr.

Die Aussagen von Hattie und die Ergebnisse seiner empirischen Forschungsarbeit bilden da selbstverständlich keine Ausnahme. Einerseits wird er als wichtigster Bildungswissenschaftler der Welt bezeichnet, der angeblich nun den Heiligen Gral für guten Unterricht gefunden habe (Mansell 2009). Andererseits werden ihm Unwissenschaftlichkeit vorgeworfen, methodische Fehler und ideologisierter Zahlenfetischismus (Lind 2013).

In einer so vieldeutigen und auch aufgeheizten Situation „praktisch zu werden" und aus der Studie für die eigene Schule nun Handlungsimpulse zu generieren ist ein sehr komplexes Unterfangen. Es braucht Zeit, Klugheit im Vorgehen und den Rückgriff auf einige wohlbekannte Zusammenhänge aus den Bereichen Wissensmanagement, Umsetzungsarbeit, Sozialpsychologie und – natürlich – aus der Pädagogik.

Was uns die ifas-Befragung zum Thema Verstehen zeigt

Die kleine Befragung, die zum Auslöser für dieses Buch wurde, ist sicher nach üblichen statistischen Kenngrößen nicht sehr repräsentativ. Doch wenn 70 Schulen aller Schulstufen ein weitgehend konsistentes Ergebnis liefern, ist etwas Mustererkennung durchaus gerechtfertigt und solide. Wirklich überraschend ist das Bild in seiner Gesamtheit dabei nicht. Unter dem Verstehens-Fokus erscheint es zunächst bedeutsam, dass die Mittelwerte zum Thema „Kenntnis" einzelner Stellhebel aus dem Hattie-Kanon deutlich höher liegen als die Angaben zu den Themen „gemeinsamer Wissensstand" bzw. „Anwendung". Man hat von Hattie und seinen Ergebnissen gehört, doch zu einem kollektiven

Verstehensprozess ist es im Kollegium noch nicht gekommen. Und damit bleibt folgerichtig auch die praktische Anwendung aus.

Gleichzeitig möchten jedoch die Schulleitungen gerne einiges aus dem Repertoire der Hattie-Dimensionen an ihrer Schule erproben oder einführen und sehen sich dabei vor allerlei Hindernissen, die solches Innovieren erschweren. Und hier kommt wieder die Dimension des Verstehens ins Spiel. Es fehlt an Verstehen, was den möglichen Mehrwert betrifft, es fehlt an kluger Verknüpfung zwischen gelebter Praxis und den Impulsen aus der Hattie-Studie. Es gibt dazu offenbar die gängige Angst vor dem Neuen und auch der bildungspolitische Impetus aus der Schulverwaltung ist noch nicht so stringent, dass er orientierende Kraft und Anreiz zum Extra-Aufwand liefern könnte. Insoweit sind das gängige Befunde, wie sie seit Jahren im Bereich Schulentwicklung vorliegen.

____ Eine erste fruchtbare Verstehensbasis: Das Staunen

Den griechischen Philosophen verdanken wir die Einsicht, dass Staunen der Beginn aller Philosophie sei, also der intensiven gedanklichen Auseinandersetzung mit der Welt. Mit dem Staunen kommt Neugier, Aufregung, Verwunderung und die Lust, verstehen zu wollen. Je mehr wir uns dem Staunen überlassen können, wie es Kinder tun, umso eher können wir uns auf die Untersuchung des Neuen, des Ungekannten einlassen. Staunen ist eine soziale Tugend.

Es wäre folglich erst einmal zu prüfen, inwieweit sich Ihr Kollegium angesichts der Hattie-Resultate zunächst ganz schlicht auf ein einfaches Staunen einlassen kann, wenn das entsprechende Wissen zu den Hattie-Aussagen überhaupt intensiver in Augenschein genommen wird. Wenn das Staunen gar nicht mehr geht, dann wird es schwer, die investive Kraft auszumachen, die für alle weiteren Schritte gebraucht wird.

Sie könnten also mit Ihrem Kollegium jenseits aller differenzierten Kommentierungen eine erste Liste der „erstaunlichen" Hattie-Aussagen erstellen. Sie entsteht aus (anonymisierten) individuellen Listen des Erstaunlichen, die von jedem Mitglied des Kollegiums aufgestellt und dann zusammengefasst und nach gängigen Verfahren gruppiert werden. Erst in einem zweiten Schritt verlassen wir dann dieses „naive" Reagieren und machen uns auf die Suche nach den Kollisionspunkten, an denen die Ergebnisse von Hattie mit vorhandenen Orientierungen aufeinanderprallen. Hier wird es interessant, denn hier beginnt die Arbeit des Verstehens.

____ Kognitive Dissonanzen ernst nehmen

Erwachsene Menschen mit viel Erfahrung und erprobter Praxis finden solches Staunen schwierig, weil Sie nicht gut von dem eigenen Gewordensein abstrahieren können. Das Neue passt eben mehr oder weniger gut oder schlecht zu eigenem Denken und Fühlen. Leon Festingers Konzept der Kognitiven Dissonanz ist seit über 50 Jahren bekannt und den meisten Menschen in irgendeiner Form als Alltagserfahrung geläufig: Eine neue Information widerspricht erprobtem und gewohntem Denken und Handeln, bedroht manchmal sogar das gewachsene Selbstkonzept und muss deswegen zunächst negiert oder entwertet werden. Ein konzeptionell so wuchtiges Aussagengebäude wie die Hattie-Studie löst entsprechend in Ihrem Kollegium bei vielen Lehrpersonen solche Dissonanzen aus und ruft bei erheblichen Teilen der Population Abwehrreaktionen hervor. Es ist klassischerweise Ihre Aufgabe aus der Funktion der Schulleitung heraus, Ihre Mitarbeiter/innen bei den produktiven Verarbeitungsschritten der dissonanten Informationen zu unterstützen.

Zur Erinnerung: Verstehen als kognitiv-emotionaler Prozess der Affektlogik und der Diskurs

„Verstehen" ist eine komplexe Ansammlung von Operationen, mit denen Menschen („psychische Systeme") die Umweltreize verarbeiten. Im Grunde genommen geht es dabei um vielfältige Prüfvorgänge: Was löst eine Mitteilung aus? Wie sehr ist sie kompatibel oder fremd zu bisherigem Wissen und bisherigen Überzeugungen? Lassen sich Irritationen über weitere Denkvorgänge auflösen? Welche Emotionen begleiten diese inneren Vorgänge? Welche Konsequenzen sind mit dem Aufgreifen der Mitteilung verbunden und welche mit deren Nichtbeachtung?

Üblicherweise hilft weiteres Kommunizieren mit anderen Betroffenen bei solchen inneren Vorgängen. Erkundungsarbeit bei Peers, Austausch von Reaktionen, gemeinsames Überlegen, Sortieren und Prüfen von Optionen, Suche nach Bestätigung, Kontrast und Orientierung, gemeinsame Sinnproduktion sind klassische Vorgehensmuster. Mit den eigenen Zweifeln und Emotionen nicht allein zu sein schafft Erleichterung und hilft bei der Gewinnung eines neuen Standpunktes.

In Ihrem Kollegium wird also im Zuge der Hattie-Rezeption die Intensität und Häufigkeit des Diskurses zunehmen und es empfiehlt sich geradezu, dass Schulleitungen dafür Orte, Räume, Gelegenheiten und Verfahrensweisen schaffen.

Der erste Schritt: Diagnostizieren, wo Ihr Kollegium steht

Wenn Sie nun diesen Prozess gemeinsamer Rezeption der Hattie-Ergebnisse fördern wollen, um später dazu auch eine gemeinsame Handlungsfähigkeit und -bereitschaft aufzubauen, dann es ist sicherlich ein vernünftiger erster Schritt, eine kollektive Standortbestimmung vorzunehmen. Das ist in unterschiedlichen Formen an vielen Schulen schon geschehen und hat zu Erleichterung und Entspannung aber manchmal auch zu Konfliktverschärfungen geführt, weil die Unterschiede in Haltungen, Idealen, Gewohnheiten und Tabus in ungekannter Deutlichkeit zutage traten.

Eine risikogeminderte und vereinfachte Form des Einstiegs in eine solche Standortbestimmung nutzt allerlei vorgedachte Raster, mit denen Rezeptionsmuster als erlaubt und verhandelbar erlebt werden können. Ein solches Raster entsteht als „Vierfelder-Schema", wenn man die beiden sehr fundamentalen Dimensionen „Zustimmung-Skepsis" und „Theorie-Anwendung" als Polaren miteinander kombiniert:

	zustimmend begrüßend	skeptisch ablehnend
anwendend praktisch	Lass es uns morgen ausprobieren!	Das taugt doch nicht für unsere Realität.
theoretisch konzeptiv	Das ist interessant, wir müssen da mehr drüber forschen.	Das ist doch alter Wein in neuen Schläuchen.

Ein einfaches Verfahren ist nun, den Arbeits-Raum der Gruppe/des Kollegiums ganz physisch in diese vier Felder aufzuteilen (Markierung) und alle Teilnehmenden einzuladen, sich in die entsprechenden Felder zu setzen, zunächst möglichst ohne zu reden. Die entstandenen Gruppen sind dann eingeladen, in Ruhe miteinander ihre Sicht auszuarbeiten, mit Argumenten und Erfahrungen, Überlegungen und Absichten zu versehen und dann im Plenum zu berichten. Damit entsteht die erste Runde eines rezeptiven Diskurses zu den Hattie-Impulsen und macht Haltungen, Vorbehalte, Meinungen und Absichten transparent.

Der zweite Schritt: Die Entfaltung des Diskurses

Die Arbeit am Prozessteil „Verstehen" zielt darauf, dass Ihre Schule in einem sorgsamen Verfahren insgesamt ihr Verhältnis zu dem Phänomen „Hattie-Studie" klärt und einen kohärenten Standpunkt zu der Frage gewinnt, ob und ggf. in welcher Schrittfolge irgendwelche Impulse aus der Studie in den pädagogischen Alltag und das Unterrichtsgeschehen an der Schule aufgenommen werden. Dabei kann es um Erprobung gehen, um Implementierung, um Qualifizierung oder eben auch um eine „fundierte Ignoranz" dieser konzeptionellen Erkenntnisse.

Organisatorisch fällt ein solches Vorgehen unter die Rubrik des gemeinsamen „sensemaking" (Weick 1995) und gehört zu den Operationen, die jede Organisation von Zeit zu Zeit bewältigen muss, wenn es gilt, sich mit veränderten Umfeldbedingungen auseinanderzusetzen.

Die Verfahren dazu lassen sich am besten unter der generellen Überschrift „Diskurs" erfassen und umfassen zunächst einmal alles, was von der Menschheit an kommunikativen Praktiken für soziale Systeme erfunden wurde. Es geht um das Zuhören und Hinhören, das Sich-Mitteilen und Sich-Zeigen, es geht um Rede und Gegenrede, um Vertiefung und Dialog, aber eben auch um Debatte und Diskussion.

Insofern stehen natürlich zunächst die erprobten schulischen Formate des pädagogischen Tages oder der schulinternen Fortbildung auf dem Programm, doch zu denken ist etwa auch an niederschwellige interne Erprobungsprojekte, an „sounding boards" im Anschluss an Pilotvorhaben oder gar mehrtägige Klausuren. Darüber hinaus sind andere, neuere Formen denkbar, um Verstehensprozesse in Gang zu setzen oder voranzutreiben. Die **gemeinsame Lernreise** etwa ist als Format inzwischen schon vielfältig erprobt (Goldsmith 2000), zählt an deutschen Schulen aber immer noch zu den seltenen Formaten professionellen Erfahrungslernens.

Als unkomplizierten Einstieg haben viele Schulen gute Erfahrungen damit gemacht, einen oder mehrere Berichterstatter zu wählen, die dem Kollegium etwa zu verschiedenen Dimensionen der Hattie-Themen per Präsentation oder sonstigem Verfahren das Für und Wider, die Chancen und Risiken, Vorzüge und Mühen oder auch gangbare Wege nahebringen. Ein anderer oft begangener Weg bezieht online-Verfahren ein und operiert mit Fragebögen oder offeneren Austauschformen in dafür definierten Foren. Bei sehr großen Schulen lohnt sich ggf. sogar die Etablierung entsprechender Diskurs-Software nach dem Vorbild des Jam-Tools von IBM.

Was immer das Menu der gewählten Formate für den Diskurs sein mag, in jedem Fall geht es darum, im **Prozess der gemeinschaftlichen Selbstaufklärung antwortfähig und entscheidungsfähig** zu werden, wenn es dann an die Phase des Handelns geht.

Der Einstieg über aktives Experimentieren

So sehr scharf lassen sich natürlich die Phase des Verstehens und des praktischen Erprobens nicht trennen. Auch für diese professionelle Auseinandersetzung sind die Prinzipien des Deming-Kreises („Plan-Do-Check-Act") gültig, nach denen man im Prinzip an jeder beliebigen Stelle in den Zyklus der Klärungsarbeit einsteigen kann. Es spricht deswegen natürlich nichts dagegen, den verstehenden Diskurs im Kollegium auch dadurch zu starten, zu befruchten oder zu intensivieren, dass jemand, z. B. die Schulleitung, im eigenen Handlungsfeld etwas an veränderter Unterrichtspraxis ausprobiert. Entsprechende Hinweise und Anregungen finden sich im Material aus der Hattie-Diskussion reichlich (vgl. auch die Kapitel über Instrumente in diesem Buch). Entscheidend ist, dass solche **Pilotierungen** dann mit allen **kommunikativ ausgewertet** werden, um sie für den Verstehensprozess verfügbar zu machen.

Feedback nach Hattie

1 Wissenswertes zum Feedback

Dietlinde Granzer

Wenn man sich als Schulleitung oder Lehrkraft mit Feedback nach Hattie/Timperley (2007) befasst, betritt man ein pädagogisches Terrain, das neben Bekanntem viel Neues bereithält. Das betrifft nicht nur die Frage, auf welchen Erkenntnissen die Konzeption aufgebaut ist, welche Elemente sie beinhaltet sondern auch den Fokus des Feedbacks, der fast ausschließlich auf das kognitive Lernen der Schüler gerichtet ist. Wer in der Lernpsychologie und in den Kognitionswissenschaften bewandert ist, entdeckt viel Vertrautes, das allerdings zum Teil neu geordnet ist.

In der Schule wird Feedback in der Praxis häufig mit einer Rückmeldung an die Person gleichgesetzt. Das oder jenes hast Du/haben Sie gut gemacht! Dieses Feedback spielt bei den genannten Autoren eine untergeordnete Rolle. Ihnen geht es darum, dass die Lernenden in ihren Denk- und Verstehensprozessen wirksam unterstützt werden. Damit dies gelingt bezieht die Lehrkraft alle Informationen mit ein, die ihr während des Unterrichts zur Verfügung stehen.

Die Beschränkung auf das kognitive Lernen erstaunt auf den ersten Blick, denn wenn vom Lernen in der Schule gesprochen wird, ist der Erwerb von Inhalten, von Wissen, Fertigkeiten und Einstellungen genauso gemeint wie der Aufbau und die Entwicklung motorischer, emotionaler und sozialer Fähigkeiten und Fertigkeiten. Lernen in der Klasse ist immer auch sozial angelegt und aus der Perspektive der Lehrkraft müssen diese Lernformen immer zusammen gedacht werden. Eine Lehrkraft, die das soziale Lernen vernachlässigt, auf ordnende Regeln des Miteinanders verzichtet, wird schnell mit den Folgen zu kämpfen haben.

Die letztgenannten Kompetenzen sind also bedeutsam, aber wenn es um das Denken und Verstehen geht, sind andere Aspekte bei einer Rückmeldung an die Lernenden wichtig, die sich deutlich von denen unterscheiden, die das motorische, emotionale oder soziale Lernen befördern. Die Beschränkung auf diesen Bereich des Lernens der Schüler verhilft also dazu das Denken, das Verstehen, Transferleistungen und die Selbstüberwachung des Lernprozesses gezielt ansprechen zu können. Diese Prozesse sind entscheidend, wenn es um die Bewältigung von (Lern-)Aufgaben geht.

Der Grad der Wirksamkeit einer Methode – Indikator für den pädagogischen Einsatz

Hattie/Timperley (2007) greifen bei ihrem Ansatz nicht auf Methoden aus der Humanistischen Psychologie oder der Kybernetik zurück. Sie fragen sich vielmehr, welche Erkenntnisse aus der datenbasierten Bildungsforschung gewonnen werden können, welche Konsequenzen daraus für ein Feedback im Unterricht zu ziehen sind, so dass sichergestellt ist, dass die Methode wirksam ist und zu einem nachweisbaren Lernzuwachs führt.

Die Metastudie von John Hattie

Hattie legte im Jahr 2009/2012 eine Metastudie vor, die auf Daten von über 250 Millionen Schülern basiert und dabei 800 Metastudien sowie über 50 000 Einzelstudien berücksichtigt. Untersucht wurden 138 Faktoren, die auf das kognitive Lernen Einfluss nehmen. Damit diese verglichen werden konnten, wurde für jede Studie die Effektstärke herangezogen. Sofern mehrere Studien zu einem Faktor vorlagen, wurde der Mittelwert aller zugrundeliegenden Effektstärken ermittelt.

Beispielsweise liegen für Feedback 1 287 Studien und 23 Metastudien vor. Die Effektstärken schwanken zwischen $d = 0.12$ und $d = 2.87$. Für den Faktor ergibt sich ein Mittelwert über alle Effekte hinweg von $d = 0.69$.

Auf dieser Basis wird ein Ranking für Lernfaktoren gebildet, das die Ausprägung der Wirksamkeit der Faktoren auch für Personen ersichtlich und nachvollziehbar macht, die nicht mit statistischen Methoden vertraut sind. Hattie teilt die Effektstärke wie folgt ein:

d	Effekt
$d < 0$	negativer bzw. unerwünschter Effekt
$0 < d < 0.20$	kein Effekt
$0.20 < d < 0.40$	kleiner Effekt
$0.40 < d < 0.60$	moderater Effekt, „hinge point"
$d > 0.60$	großer Effekt

Tabelle 1: Einteilung der Effektstärke

Wenn man John Hattie fragt, wie es sich mit der Wirksamkeit von Maßnahmen in der Pädagogik verhält, so vertritt er die Meinung, dass alles wirkt. Daher ist es sinnvoller zu fragen, was am besten wirkt.

Zu überlegen ist auch, ab wann es gerechtfertigt ist, zu einer bestimmten Maßnahme zu greifen, sei es auf Schulebene durch Herabsetzung des Klassenteilers, auf der Ebene des Unterrichtens durch Feedback oder der Ebene des Lehrers durch die adäquate Gestaltung der Lehrkraft-Lernenden-Beziehung usw. Wie aus der Tabelle 1 ersichtlich ist, legt Hattie den Schwellenwert auf d = 0.40 fest. Dieser Wert entspricht ungefähr dem Lernzuwachs bei Lernenden für ein Schuljahr. Es sind also aus seiner Sicht besonders solche Faktoren von Interesse, die mindestens über dem „hinge point" oder noch besser deutlich über diesem Schwellenwert liegen. Welche Faktoren sind nun die wirkungsmächtigsten nach der Metastudie?

_____ Die TOP-Ten der Hattie-Studie (Hattie 2014)

Nr.	Domäne	Faktor	d
1	Lernende	Selbsteinschätzung des eigenen Leistungsniveaus	1.44
2	Lernende	Kognitive Entwicklungsstufe (nach Piaget)	1.28
3	Unterrichten	Reaktion auf Intervention	1.07
4	Lehrperson	Glaubwürdigkeit der Lehrperson	0.90
5	Unterrichten	Formative Evaluation des Unterrichts	0.90
6	Lehrperson	Microteaching	0.88
7	Unterrichten	Klassendiskussion	0.82
8	Unterrichten	Intervention für Lernende mit besonderem Förderbedarf	0.77
9	Lehrperson	Klarheit der Lehrperson	0.75
10	Unterrichten	Feedback	0.75

Tabelle 2: Die Top-Ten aufgeschlüsselt nach Bereichen, Faktor und d-Wert

In der Metastudie von John Hattie rangiert das Feedback mit einem Wert von d = 0.75 auf Rang 10 und gehört damit zu den wirkungsmächtigsten Methoden.

Was macht das Feedback so interessant? Wenn man Tabelle 2 zu Rate zieht, dann bietet sich auf den ersten Blick bei den Faktoren, die direkt von der Lehrkraft beeinflusst werden können, die also zur Domäne Unterrichten oder Lehrperson gehören, eher andere Faktoren an:

- Reaktion auf Intervention,
- Glaubwürdigkeit der Lehrperson,
- Formative Evaluation des Unterrichts,
- Microteaching,
- Klassendiskussion,
- Intervention für Lernende mit besonderem Förderbedarf und
- Klarheit der Lehrperson.

Fragt man aber danach, was sich schneller **erlernen und umsetzen** lässt zeigt sich ein anderes Bild:

- Bei den Ansätzen, die unter der Bezeichnung „Reaktion auf Intervention" geführt werden, handelt es sich um engmaschige aber hochkomplexe Unterstützungssysteme für schwächere Schüler, deren Umsetzung aufwändig ist und die gelingende Zusammenarbeit mehrerer Kolleg/innen voraussetzt.
- Bei der Glaubwürdigkeit der Lehrperson muss die Lehrkraft gegebenenfalls mit Supervision und Coaching länger an sich, ihren Wertvorstellungen, ihrer Haltung und ihrer Persönlichkeit arbeiten.
- Die formative Evaluation und vor allem die Umsetzung der aus ihr zu ziehenden Konsequenzen und Impulsen für den nächsten Entwicklungsschritt auf Seiten der Schüler/innen will eingeübt sein.
- Das Microteaching, bei dem über Videoanalysen und das Besprechen kleiner Unterrichtsausschnitte nachweislich Entwicklungsschritte bei den Lehrkräften angeregt werden, ist eine zeitaufwändige Weiterbildungsmaßnahmen und setzt kontinuierliche Fortbildungsbereitschaft voraus.
- Die Klassendiskussion ist eine Unterrichtsmethode, die über einen längeren Zeitraum eingeübt werden muss und an die Lehrkraft hohe Anforderungen in Bezug auf das Klassenmanagement setzt, da die Lehrkraft phasenweise die Kontrolle über das Geschehen an die Schüler abgibt. Die Schüler müssen mit der Methode vertraut sein und auf einem Stand, sein, dass sie sich ggf. selbst „disziplinieren" und für eine Einhaltung der Regeln sorgen. Diese Methode darf keinesfalls mit einem Gespräch unter Schüler/innen oder dem Unterrichtsgespräch gleich gesetzt werden.
- Intervention für Lernende mit besonderem Förderbedarf zielt auf eine besondere Schülerschaft innerhalb des Klassenverbandes ab. In den angelsächsischen Ländern werden in der Regel kognitiv schwache Schüler/innen im regulären Unterricht beschult und nicht in sonderpädagogischen Einrichtungen.
- Die Klarheit im Unterrichten ist nicht jeder Lehrperson gegeben und diese müsste, um dies nachhaltig zu ändern, gegebenenfalls mit Supervision und Coaching länger an sich, ihrem Auftreten und ihrer Persönlichkeit arbeiten.

Das **Feedback zum kognitiven Lernen** kann dagegen von der Lehrkraft relativ schnell erlernt werden, weil es ein Verfahren ist, das ihr mehr oder weniger vertraut ist. Es kann in der Regel **an Bestehendes angeknüpft werden**, manches muss vielleicht verlernt, anderes wieder angeeignet werden. Um die gesamte Klasse zu höheren Leistungen zu bringen, um das Potential der Schüler wirksam zu entwickeln, bietet sich diese Methode besonders an.

Daran erinnern wir uns vielleicht sofort!

Das Feedback von Hattie/Timperley (2007) beinhaltet einige Aspekte, die uns eher vertraut sind. Dazu gehören zum Beispiel:

1. Feedback hat zwei Richtungen.
2. Feedback geben, heißt Orientierung geben.
3. Feedback beinhaltet den nächsten Entwicklungsschritt.
4. Lob des Fehlers!

Zu 1.: Feedback hat zwei Richtungen.

Wenn wir im Folgenden von Feedback sprechen, ist damit grundsätzlich ein Feedback-Geben und Feedback-Nehmen gemeint. Das ist insofern wichtig zu betonen, da im Kontext des Unterrichtens in der Regel immer Ersteres umgesetzt wird. Als Lehrkraft gebe ich im Unterricht zuallererst einem Schüler eine Rückmeldung. Dies kann durchaus auch in Form eines Hinweises sein, z. B. ob etwas richtig oder falsch ist, wie es um die Lesbarkeit steht, was geändert werden muss usw. In der Regel geben uns die Schüler keine Rückmeldung, es sei denn indirekte, wenn sie sich über etwas oder jemand ärgern, sich ungerecht behandelt fühlen, sich also beschweren oder verhaltensoriginell sind.

Schüler können sehr wohl auch Rückmeldung zu ihrem eigenen Lernen geben und der Lehrkraft eine Rückmeldung dazu geben, was sie vom Unterrichtsstoff verstanden haben, ob eine Aufgabe für sie schwer, zu leicht oder von der Schwierigkeit her genau angemessen war. Solches Feedback kann die Lehrkraft auch aktiv von den Schülern einholen. Möglichkeiten sind:

- Die Schüler haben rote und grüne Karten. Grün bedeutet Zustimmung, rot Verneinung. So können sich Lehrkräfte Rückmeldung holen zu folgenden Fragen:
  - Ich habe verstanden, wie …
  - Ich kann meinem Nachbarn erklären, wie …
  - Ich kann die drei wichtigsten Aspekte aufzählen.
  usw.
- Die Schüler schreiben auf einem Blatt Papier Fragen zu dem Thema auf und hängen es am Ende der Stunde beim Hinausgehen auf ein Flipchart oder an die Tafel:
  - An was erinnere ich mich aus dem heutigen Stoff?
  - Welche Frage hat sich mir beim Erarbeiten des Stoffes gestellt?
  - usw.

Zu 2.: Feedback geben, heißt Orientierung geben.

Als Lehrkraft gebe ich im laufenden Unterricht anlassbezogen ein Feedback:

- Hier geht es weiter!
- Da stimmt etwas nicht!
- Das ist gut so, mach' genauso weiter.

Oder ich gehe auf ein Verhalten ein:

- Drehe dich bitte nach vorne!
- Das Stuhlkreis-Bilden klappt richtig gut, prima!
- Lass das bitte, das stört deine Sitznachbarin!
- Dein Arbeitsplatz ist so hergerichtet, dass du gut arbeiten kannst.

Auch Hattie/Timperley betonen, dass es wichtig ist, den Schülern Orientierung zu geben. Damit dies gelingt, erfolgt das Feedback umgehend unabhängig davon, ob es eine Rückmeldung zum Lernen oder Verhalten ist. So können die Schüler einen Zusammenhang zwischen Anlass und Rückmeldung erkennen und ihr soziales und Lern-Verhalten entsprechend anpassen. Nichts ist schlimmer als eine Rückmeldung und vor allem „Zurechtweisung" zu erhalten, und der Empfänger weiß nicht, wovon die Lehrkraft spricht. Solche Rückmeldungen verpuffen nicht nur wirkungslos sondern untergraben die Glaubwürdigkeit einer Lehrkraft.

_____ Zu 3.: Feedback geben benennt den nächsten Entwicklungsschritt.

Besonders aus dem Sport- und dem Musikunterricht kennen wir diese Form der Rückmeldung. Beim Weitsprung beispielsweise gibt die Lehrkraft gezielt Hinweise dazu, was ein Schüler beim Absprung ändern muss, damit beim nächsten Mal eine größere Weite erreicht werden kann. Die Rückmeldung beinhaltet also immer eine Korrektur, zeigt wo es langgeht und was geändert werden muss. Was an diesem Beispiel ebenfalls wichtig ist: In der Regel bezieht sich eine Rückmeldung auf ein Individuum und nicht auf die Gruppe (es sei denn bei einem Mannschaftssport). Nicht alle stehen an derselben Stelle im Lernprozess und ein Pauschallob kann dazu führen, dass diejenigen, die ihre Aufgabe weniger gut bewältigt haben, keine weitere Anstrengung mehr investieren, während die anderen angesichts des Lobs unabhängig von der erbrachten Leistung demotiviert werden. Weder die kognitiv starken noch schwächeren Schüler profitieren von einem Pauschallob.

_____ Zu 4.: Lob dem Fehler: Warum Fehler so wichtig sind!

Wir wissen es alle: Fehler sind Lern-Chancen, allerdings nur, wenn man als Lernender das „Missverstandene", das „nicht angemessene, eigene Verhalten" einordnen kann. Wenn ich den Grund für den Fehler nachvollziehen kann, dann kann ich eher etwas ändern als wenn ich im Unklaren gelassen werde.

Wenn Fehler dagegen negativ hervorgehoben werden, werden Schüler dazu erzogen, dass sie keine Fehler mehr einräumen wollen. Kultur muss das Gegenteil werden: Schön, dass wir einem Fehler auf die Spur gekommen sind! Was kann man ändern?! Dann macht es Spaß und schafft Vertrauen, sich als Lernender auf weitere Lern-Abenteuer einzulassen.

_____ **Das dürfte eher Neuland sein!**

_____ **Rückmeldung bezieht sich auf das kognitive Lernen**

Es wurde bereits angedeutet: Das Feedback nach Hattie/Timperley fokussiert auf das kognitive Lernen. Es geht den beiden Autoren also darum, das Lernen zu optimieren, bei dem Denkprozesse entscheidend sind. Um noch einmal das Beispiel mit dem Weitsprung zu bemühen: Dort ist für einen Außenstehenden häufig deutlich zu sehen, dass „irgendetwas" beim Anlauf oder Absprung nicht stimmt, aber nur der Experte weiß, an welchen Stellen anzusetzen ist und kann dies präzise benennen. Ähnlich verhält es sich mit dem kognitiven Lernen.

Wenn die Lehrkraft weiß, wie das Denken funktioniert, welche Prozesse ablaufen, kann sie dem Lernenden entsprechende Hinweise geben und so dazu beitragen, dass diese schneller und effektiver lernen können. Die meisten der vorgelegten Studien kommen daher aus der Kognitionswissenschaft und der Psychologie, beides Disziplinen, die Denkprozessen eine besondere Bedeutung zumessen.

_____ **Rückmeldung erfolgt auf drei Ebenen**

Aus Sicht von Hattie/Timperley sind dabei vier Ebenen zu unterscheiden, wobei die ersten drei Ebenen für das Lernen entscheidend sind, die im Folgenden ausführlicher dargestellt werden:

- Aufgabenebene
- Lernprozessebene
- Selbstorganisationsebene
- Personenebene

_____ **Aufgabenebene**

Das Feedback auf der Aufgabenebene ist die einfachste Form der Rückmeldung. Hier geht es primär darum, dem Schüler mitzuteilen, ob die Aufgabe richtig oder falsch ist oder ob ein Missverständnis vorliegt. Die Rückmeldung bezieht sich aber auch darauf, inwiefern bestimmte Kriterien, die vor Aufgabenerledigung genannt worden sind, in welchem Grad erfüllt sind oder nicht. Wenn Lernende in einem Text 20 Informationen lokalisieren sollen, aber nur zehn gefunden haben, ist die Aufgabe nur zum Teil gelöst worden.

Das Feedback zur Aufgabe eignet sich vor allem für den Aufbau von Grundfertigkeiten und Routinen sowie beim Einführen neuer Inhalte und der sich daran anschließenden Übungsphasen.

Apropos Übungsphasen: Hattie hält hier einen für uns vielleicht überraschenden Rat bereit. Sofern Schüler Probleme beim Lösen einer Aufgabe haben, empfiehlt er die Lösung vorzugeben, und diese an den für die Lösung notwendigen Teilschritten arbeiten zu lassen. Für Schüler ist nichts so frustrierend, als wenn sie viel Energie in das Bearbeiten einer Aufgabe investiert haben und dann das Ergebnis falsch ist. Weiß der Lernende dagegen das Ergebnis, kann er sich auf die Teilschritte konzentrieren und klären, wo der Fehler entstanden ist.

Lernprozessebene

Diese Form der Rückmeldung erfolgt auf der Ebene des Lernprozesses. Der Lernende erhält Informationen darüber, wo er im eigenen Lernprozess steht und welche Schritte gegebenenfalls als nächstes gegangen werden müssen. Damit kann er Denken und Handeln systematisch und erfahrungsorientiert aufbauen und zur eigenen Routine werden lassen. Für die Lehrkraft ergeben sich dabei folgende Herausforderungen. Sie muss ...

... in der Situation erfassen, was falsch ist und wissen, warum es falsch ist.

... die richtige Antwort auch begründen können.

... bei komplexeren Aufgaben erklären können, welche Beziehungen zu anderen Teilen einer Aufgabe bestehen.

... bei Aufgaben mit mehreren Teilaufgaben präsent haben, welche weiteren Informationen sich aus der Aufgabe selbst für die Lösung herausziehen lassen.

... erkennen bzw. klären, welche Strategien der Lernende verwendet hat und Vorschläge für alternative Strategien bereithalten.

Während die ersten Herausforderungen vor allem fachlicher Natur sind, kommen bei der letzten die Metakognitionen ins Spiel. Sie sind entscheidend für die Organisation des Lernprozesses. Viele kognitiv schwächere Schüler verfügen über zu wenige Metakognitionen/Lernstrategien, die ihnen helfen würden, die Schwächen zu kompensieren. Wenn Schüler wissen, wie sie lernen können und was für sie hilfreich ist, um besser zu lernen, können sie ihr Lernen aktiv gestalten, die nächsten Lernschritte mit einem Lehrer (oder Peer) eher planen oder Einschätzungsinstrumente nutzen und erkennen, was deren Ergebnisse bedeuten. Dazu später mehr.

Selbstorganisationsebene

Rückmeldungen auf dieser Ebene befähigen den Lernenden den eigenen Lernprozess zu beobachten, einzuschätzen und zu verbessern. Dieses Feedback trägt dazu bei, dass Lernende zunehmend öfter über ihren Lernprozess reflektieren, also darüber wo sie gerade im Prozess stehen, was sie gerade tun und warum und so die Kompetenz aufbauen, sich und ihr eigenes Lernen gezielt zu überwachen. Dazu greifen sie beispielsweise auf Checklisten zurück, überprüfen selbst anhand von Kriterien, ob sie die Aufgabe komplett abgearbeitet haben, überlegen, was sie unternehmen können, wenn sie nicht weiterkommen usw. Die Lehrkraft kann den Lernenden durch entsprechende Hinweise darin bestärken, dass er das entsprechende „Selbstorganisation-Verhalten" immer häufiger zeigt.

Beim Feedback auf dieser Ebene sind das Anregen von Transferleistungen und die Übernahme der Lehrpersonenrolle in Bezug auf das Erklären besonders wichtig. Schüler, die ihren Mitschülern etwas „richtig" erklären können, dass diese dann die Aufgabe bewältigen, sind im kognitiven Bereich beim Einsatz von Metastrategien einen Schritt voraus. Damit ich etwas erklären kann, muss ich den Inhalt beherrschen und mir zugleich überlegen, wie ich dies vermitteln kann.

_____ Feedback auf Personenebene

Jedem Lernenden tut es gut, Rückmeldung zu positiven Aspekten seiner Person zu erhalten und die Lehrkraft ist gut beraten, jedem Lernenden diese immer wieder zukommen zu lassen unabhängig davon, wie gut der Schüler lernt. Im Lernprozess gibt es aber nicht nur Erfolgserlebnisse sondern das Feedback fokussiert auch auf Noch-Nicht-Gelingens-Aspekte. Daher ist es wichtig, die inhaltliche Seite der Bewältigung der Aufgabe von der Rückmeldung an die Person klar zu trennen und die Entwicklungsmöglichkeiten des Lernenden in den Vordergrund zu rücken.

_____ Strategien und Metastrategien sind der Dreh- und Angelpunkt beim Feedback

Nicht jede Strategie verspricht gleichen Erfolg, wenn es um die Steigerung der kognitiven Leistungsfähigkeit bei den Lernenden geht. Wie die Tabelle 3 zeigt, ist das „Planen und Umsetzen" sehr erfolgversprechend und hilft bei der ebenfalls hoch wirksamen Selbstinstruktion stringent im Lernprozess zu bleiben. Bei dieser Strategie spreche ich mir als Lernender die einzelnen Teilschritte im Lernprozess vor: Zuerst mache ich dies, jetzt kommt das, nun muss ich darauf achten, dass…, wenn ich jenes abgeschlossen habe, muss ich nur noch die Ergebnisformulierung machen, dann habe ich die Aufgabe gelöst. Auch Notizen helfen, wenn es darum geht, zu wissen, an welcher Stelle welcher Lösungsweg vielversprechend war. Wenn ich nicht weiterkomme, kann es sinnvoll sein, Hilfe zu suchen, die Aufgabe mit jemand anderem zu lösen. Oft kommt man auch schneller wieder in ein Lerngebiet, wenn man sich vor dem Unterricht noch einmal die Aufgaben anschaut. Auch Wiederholen ist eine wichtige Strategie, die sicherstellt, dass erworbenes Wissen jederzeit verfügbar ist. Die eigene Arbeit lässt sich über das Setzen eigener Ziele, über Selbstbewertung und Selbstbeobachtung usw. besser organisieren. Gekoppelt mit Selbstmanagement und dem Zurückstellen von angenehmen Dingen bis die Arbeit getan helfen diese dem Lernenden auf das Wesentliche zu fokussieren.

Strategie	Beispiel	d
Planen und umsetzen	Vor der Umsetzung einen Plan erstellen.	0.85
Selbstmanagement	Angenehmes zurückstellen bis die Arbeit getan ist.	0.70
Selbstinstruktion	Sich eigene Lernschritte vorsagen.	0.62
Selbstbewertung	Die eigene Arbeit überprüfen vor der Abgabe.	0.62
Hilfe suchen	Arbeiten mit einem Lernpartner nutzen.	0.60
Notizen aufbewahren	Bereits erstellte Notizen durchschauen.	0.59
Wiederholen	Formen aufschreiben bis sie sicher sitzen.	0.57
Eigene Ziele setzen	Checkliste zum Abarbeiten erstellen.	0.49
Notizen verfassen	Notizen zielgerichtet erstellen.	0.49
Selbstbeobachtung	Eigene Leistungen und Ergebnisse beobachten.	0.45
Aufgabenstrategien	Arbeitshefte vor dem Unterricht bearbeiten.	0.45
Vorstellungen nutzen	Innere Bilder aufrufen und nutzen.	0.44
Zeitmanagement	Täglichen Zeitplan erstellen.	0.44
Arbeitsplatzgestaltung	Arbeitsplatz ergonomisch der Person anpassen.	0.22

Tabelle 3: Strategien und Metastrategien (vgl. Hattie 2009/2012, Visible Learningplus o. J.)

Ziel eines Feedbacks nach Hattie/Timperley muss es also sein, Lernenden durch Rückmeldung beim Aufbau unterschiedlicher Strategien zu unterstützen. **Strategie und Metastrategien** lassen sich in der Regel nicht einfach einüben, sondern **müssen immer wieder aktiviert werden**, bis die Lernenden diese für sich verfügbar gemacht haben. Dies gilt insbesondere bei kognitiv schwächeren Schülern, denen oft Prozesssicherheit im Lernen fehlt. Wenn diese Rückmeldungen auf unterschiedlichen Ebenen aber gezielt erfolgen, entfaltet das Feedback eine besondere Wirksamkeit und unterstützt die Lernenden dabei, sich im Laufe ihrer Schulzeit zu Lernern zu entwickeln, die ihr eigenes Lernen selbst gestalten und organisieren. Dies ist eine der wichtigsten Kompetenzen, um in einer Wissensgesellschaft aktiv teilhaben zu können.

2_ Feedbackprozesse verstehen sich eben nicht von selbst

Wolfgang Looss

____ Zu Beginn: Einige konzeptionelle Aufräumarbeiten

Wie immer bei universalistisch verwendeten und auch noch modisch gewordenen Konzepten entsteht im Laufe der Zeit eine gewisse Unübersichtlichkeit, was den Gebrauch, die Bedeutungen und die diversen Kontexte der Begriffe betrifft. Oder, wie es in dem Gedicht des amerikanischen Poeten William Meredith so schön heißt:

> ...
> *Language, the dark-haired woman said once,*
> *is like water-color, it blots easily,*
> *you've got to know what you're after,*
> ...
> *The contrasts want to*
> *run together and must not be allowed to.*
> *They're what you see with.*
> *Keep your word-hoard dry.*

„Die Wörterpalette trocken halten", das ist beim „Feedback" als Begriff, als Denkmodell und als Aktionsbündel ganz besonders nötig. Wenn wir uns also der Frage zuwenden, wie denn an einer Schule jene Feedback-Prozesse intensiviert werden könnten, von denen in der Hattie-Studie so vielfältig die Rede ist, dann müssen wir – möglichst gemeinsam mit dem Kollegium – zunächst ein paar wichtige Unterscheidungen reaktivieren. Schließlich beginnt seit Menschengedenken alle Erkenntnis mit der Tätigkeit des Unterscheidens.

„Feedback" als Steuerungsprinzip und als Weg zur Anreicherung menschlicher Kommunikation ist im Fundament ein typisches Kind der 50er Jahre, jener Zeit als die Welt wieder einmal durch einen Schub an ungekannter neuer Komplexität erschüttert wurde. Die technisch geprägten Naturwissenschaftler hatten damit begonnen, sich mit „Steuerungsprozessen" zu befassen, weil die aufkommende Informationstechnologie neue Fragen aufwarf und neue Experimente möglich machte. Ihr Stichwort hieß „Kybernetik". Und sie trafen gelegentlich mit Geisteswissenschaftlern zusammen, die versuchten, sich einen Reim auf allerlei Verwerfungen der bis dahin klassischen Ideenwelten zu machen, die zu jener Zeit die Menschen aufregten. Einer der Kristallisationspunkte dieser wegweisenden Begegnungen waren die berühmten Macy-Konferenzen (vgl. z. B. Pias 2003), zu denen sich Wissenschaftler trafen, deren Namen uns heute immer wieder begegnen, weil sie wegweisende Beiträge zur Pädagogik, zur Psychotherapie, zur Geistesgeschichte und zur Systemtheorie geliefert haben: Kurt Lewin, Gregory Bateson, Heinz von Foerster und andere.

Aus diesen ersten Gedankengebäuden entstand durch die populärwissenschaftliche Arbeit vor allem von Paul Watzlawick dann Jahre später jenes Interesse an angereicherten Kommunikationsvorgängen, das seit den 70er Jahren auch in Deutschland die Geistes- und Sozialwissenschaften geprägt hat. Ganze Generationen von Pädagogen befassten sich schon im Studium und dann in unzähligen Fortbildungen mit Methodiken und Konzepten rund um Begriffe wie Themenzentrierte Interaktion, Gruppendynamik, soziales Lernen, partnerzentrierte Kommunikation. Und in all diesen Zugängen spielte Feedback eine zentrale Rolle. Und im Ergebnis sagen deswegen heute praktisch alle pädagogisch tätigen Menschen, dass sie mit dem Feedback-Konzept völlig vertraut sind. Sie kennen die Feedback-Regeln, sie haben an Dutzenden von Trainings teilgenommen, sich soziogrammatischen Experimenten ausgesetzt, auf heißen Stühlen gesessen und die Schriften von Fittkau, Schulz von Thun und anderen zuhause im Regal stehen.

Natürlich geht dabei der wissenschaftstheoretische Hintergrund etwas verloren: Diese Feedback-Euphorie bezog sich ganz überwiegend auf die Personenbeziehung, auf den Kontakt, auf das wechselseitige emotionale Erleben, auf das gedeihliche Miteinander in Paaren, Familien, Gruppen – und eben auch Lehrerkollegien.

Neben solchem „persönlichem Feedback" gab es im Lehrerhandeln allerdings immer auch schon die Frage nach dem Sinn und der Methodik von aufgabenbezogenen Lehrerrückmeldungen an Schüler, die unter der Rubrik „Lehrer-Schüler-Interaktion" verhandelt, beforscht und gelehrt wurden und werden (Schweer 2008). Und in dieser Tradition stehen nun auch die entsprechenden Impulse aus der Hattie-Studie, die ein intensiviertes aufgabenbezogenes Rückmeldeverhalten von Lehrpersonen nahelegen.

Was beiden Feedbackvarianten gemeinsam ist, ist die starke Steuerungswirkung für das Geschehen im jeweiligen sozialen System. Personenbezogenes Feedback verändert persönliche Beziehungen, manchmal mit unvorhergesehener kraftvoller Wirkung und unerwarteten Konsequenzen. Es ist ein machtvolles und nicht leicht zu handhabendes Steuerungsinstrument in intimen sozialen Systemen wie Paaren, Familien, Gruppen oder eben auch Schulklassen.

Aufgabenbezogenes Feedback hilft beim Steuern des Lernprozesses, weil es Orientierung gibt, Lernziele erkennbar macht und die Schrittfolge der Lernaktivitäten klärt.

Beiden Varianten von „Feedback" sind zudem gemein, dass die Rückmeldung manchmal vom Absender eben auch als Bewertung formatiert ist oder dass sie wenigstens vom Empfänger als solche erlebt wird. Dieser unvermeidliche Effekt ist deswegen so bedeutungsvoll, weil eine Bewertung – ganz gleich ob als solche geäußert oder „nur" vom Empfänger so empfunden – ungleich heftigere Auswirkungen auf das Selbstwertgefühl der Empfänger-Person mit sich bringt und damit das Geschehen erheblich verstören kann. Bei aufgabenbezogenen Rückmeldungen von Lehrern an Schülern ist hier die gesamte **unabgeschlossene pädagogische Diskussion um Notengebung** in all ihrer auch ideologischen Aufladung angesprochen (z. B. Jürgens 2010). Und im Bereich personenbezogener Rückmeldetraditionen wird regelmäßig Wert darauf gelegt, dass ein Feedback beschreibend bleiben und keine Bewertungen enthalten solle (z. B. Fengler 2009). Dergleichen Gebote sind mittlerweile in die kommunikative Folklore eingegangen.

Diese Frage nach dem Bewertungsanteil ist in unserem Zusammenhang auch deswegen so bedeutungsvoll, weil sie einen erheblichen Teil der Vorbehalte ausmacht, die bei Lehrpersonen gegenüber intensivierten Rückmeldeaktivitäten gleich welcher Art anzutreffen sind. Sie erhielten neue Nahrung als mit dem Aufkommen der systemischen Perspektive und deren Rezeption in der schulischen Arbeit die klassische Unterscheidung zwischen Beobachtung, Beschreibung, Erklärung und Bewertung noch einmal aktualisiert wurde (vgl. etwa Glasersfeld 1999, Simon 1997). Die damit erneut aufgetauchte kommunikative Komplexität mit ihren **Mühen des Unterscheidens** eigener Verhaltensmuster legte es für viele Kolleginnen und Kollegen nahe, aus solchen methodischen Feinheiten gedanklich und verhaltensmäßig schlicht auszusteigen und derlei schwierige Manöver zu meiden. Damit aber blieb die Unschärfe erhalten, dass es bei irgendwelchen Feedbackoperationen eben doch „irgendwie immer auch" um Bewertung gehe.

Wenn wir uns aus Anlass der Hattie-Studie und ihrer Konsequenzen nun in der Praxis dem Feedback als pädagogische Intervention neu nähern und wenn wir womöglich eine entsprechend intensivierte Praxis im Schulalltag implementieren wollen, dann müssten wir einige Unterscheidungen erst wieder schärfen:

- Aufgabenbezogenes Feedback „nach Hattie" darf nicht verwechselt werden mit personenbezogenem Beziehungsfeedback aus dem Bereich „Soziales Lernen".
- Feedback braucht die klare Unterscheidung zwischen orientierender Beschreibung und Erklärung einerseits und einer bewertenden Aussage andererseits.
- Feedback ist in jedem Fall ein kraftvolles und mit viel situativem Gespür einzusetzendes Steuerungsinstrument, für dessen Handhabung entsprechend sorgsam zu absolvierende Qualifikationen aufgebaut werden müssen.

Es empfiehlt sich also, gemeinsam mit dem Kollegium hier zunächst **einige klärende Betrachtungen anzustellen,** die vielen individuell und kollektiv gelernten Traditionen, Praktiken und Vermeidungen genauer zu besprechen und eine bewusste Entscheidung zu treffen, ob und an welchen Stellen dann in die Erarbeitung einer intensivierten Feedbackpraxis einzusteigen wäre.

Weg-Lernen und Um-Lernen: Über das mühsame Dekonstruieren von Gewohnheiten

Im angelsächsischen Sprachraum gilt seit mehreren hundert Jahren die Volksweisheit: „You can't teach an old dog new tricks", die korrespondierende Redensart im Deutschen spricht pauschaler vom „Menschen als Gewohnheitstier". Die Lebenserfahrung hält viele Alltags-Beispiele für derartiges Beharrungsvermögen bereit: Großmutter benutzt die Mikrowelle nicht, Eltern interessieren sich nicht für die Computerspiele ihrer Kinder, Politiker reden immer nur nichtssagend daher, Großprojekte werden immer viel teurer als geplant und später fertig als gedacht.

Wenn nun aber aus irgendwelchen Gründen lang eingeübtes Verhalten von ganzen Populationen dennoch verändert werden soll, dann entsteht die Frage nach aussichtsreichen „Sozialtechnologien", solches **Umlernen auch bei vorhandenem Widerstand** in Gang zu setzen.

Im hier interessierenden Fall des kollektiven Einübens von anderen, intensivierten und für viele ungewohnten Feedback-Praktiken im Schulbereich fällt die populäre Variante sofort aus, es doch einfach mit Macht, Strafandrohung und Zwang zu versuchen. Schule als professionelles System entzieht sich weitgehend dem Einsatz von Bestrafungsmacht, insbesondere, wenn es um das Unterrichtsverhalten in der jeweiligen Klasse einer Lehrperson geht.

Die zweite klassische Methode zum Umlernen setzt einen sehr **kraftvollen Auslöser** voraus: Eine emotional signifikante, am besten sogar existenzielle Lebens-Erfahrung kann zum Ausgangspunkt intensiver Lernanstrengungen werden und auch den ältesten Hund zum Einüben neuer Tricks bewegen. Wir kennen solche Lernvorgänge bei ansonsten lernentwöhnten Personen etwa nach gesundheitlichen Krisen wie Herzinfarkten oder Krebserkrankungen, wir kennen sie aus den Alltags-Geschichten vom Neubeginn nach Ehescheidungen oder nach dem Tod eines Angehörigen. Bert Brecht hat mit der Erzählung von der **„unwürdigen Greisin"** solchen außergewöhnlichen Lernimpulsen ein **literarisches Denkmal** gesetzt.

Doch dergleichen kraftvolle Dynamik fällt ebenfalls aus, wenn wir an Schule als eingeübte Veranstaltung mit all ihren tradierten Verfahrensmustern denken. Das Erscheinen der Hattie-Studie stellt ja keineswegs ein Ereignis dar, das nun reihenweise die Lehrpersonen „einfach so" mit einer tiefgehenden emotionalen Erfahrung konfrontieren würde. Und es ist auch kaum vorstellbar, dass eine Schulleitung dem Kollegium eine solche Erfahrung mit emotionalem Tiefgang zu bereiten in der Lage wäre.

Wir sind also auf den dritten, etwas längeren Weg verwiesen, in einem Kollektiv **Lernprozesse der außergewöhnlichen Art in Gang zu setzen**. Dieser Weg führt über eine grundlegende Erkenntnis aus dem Veränderungsmanagement in Organisationen, mit dem wir als Gesellschaft seit nunmehr etwa 20 Jahren Erfahrungen haben (zum Überblick etwa bei Kraus u. a. 2004). Von diesen Erfahrungen lässt sich ableiten, dass wir darauf verwiesen sind, uns **gemeinsam der Hintergründe und des Nährbodens unserer Vor-**

behalte gegen „das Neue" bewusst zu werden, bevor wir mit Aussicht in Lernaktivitäten einsteigen könnten.

Im Fall des Feedbacks liegen nach den bisherigen Überlegungen und mit Rückgriff auf die gängigen Diskussionen zur Lehrerrolle die meisten dieser Vorbehalte auf der Hand. Und sie zeigen sich einmal mehr in den Antworten der Schulleitungen zu der kleinen Umfrage, aus der dieses Buch entstanden ist.

- Lehrpersonen arbeiten mit Schülern, also mit Menschen, die irgendwie von ihnen abhängig sind. Und die Arbeit mit Abhängigen führt stets zu – manchmal extremer – Feedbackarmut. Das gilt für alle Vorgesetzten in hierarchischen Systemen aber eben auch für viele Betreuungsberufe z. B. in der sozialen Arbeit.

- Lehrpersonen verwechseln Feedback häufig mit dem „Beurteiltwerden" und meiden solche Aktivitäten sowohl in der aktiven wie in der passiven Variante. Das ist verbunden mit z. t. traumatischen Erfahrungen aus Unterrichtsbesuchen während der Lehrerausbildung.

- Lehrpersonen erleben sich rein zeitlich als außerstande, intensivierte Kommunikationsanstrengungen mit Schülern zu leisten.

- Die Kriterien für „guten" Unterricht sind nach wie vor so wenig geklärt und so sehr vielfältigen Meinungen und ideologischen Positionen unterworfen, dass Lehrpersonen sich innerlich überhaupt nicht sicher sind, ob ihr Unterrichtsstil vor anderen bestehen könnte.

- Lehrpersonen sehen sich seit Jahren einer Fülle von Veränderungszumutungen ausgesetzt und sind dadurch unwillig und auch erschöpft.

Neben diesen verallgemeinerten und sehr gängigen Vorbehalten kommt es nun allerdings darauf an, die besonderen Vorbehalte an der jeweiligen Schule zum Thema zu machen und ernsthaft mehr darüber herauszufinden, wie die gängige Praxis in Sachen aufgabenbezogenem Feedback denn nun wirklich aussieht. Und erst wenn dieser Status quo besprochen ist, kann dazu eingeladen werden, nun ganz individuell die eigenen Erfahrungen mit Rückmeldeformaten diversen Zuschnitts anzuschauen und sich über deren Genese klar zu werden. Die Faustformel heißt also, dass die Menschen selbst den Hintergrund ihres Widerstandes und ihrer Vorbehalte verstehen müssen, bevor sie sich überhaupt dem Neuen zuwenden können.

Dabei ist zu bedenken, dass Menschen mit Erfahrung sich oft nur ungern der Situation der „bewussten Inkompetenz" aussetzen, wenn sie etwas Neues starten sollen, was sie noch nicht können. Auch dafür braucht es Erlaubnis und Support.

Wie es dann weitergeht:
Von Leuchttürmen und dem Alltag als Übung

Wie bei jeder neuen und ungewohnten Praxis wird es auch bei der Einführung intensivierter Feedback-Formen an einer Schule jene Menschen geben, die dergleichen gerne als erstes ausprobieren. Solche „Innovatoren" sind unverzichtbar, damit eine neue Praxis sozial geprüft werden kann und dann entsprechende Lern- und Entscheidungsprozesse bei anderen einsetzen. Daher macht es Sinn, solche Menschen zunächst zum Experiment zu ermutigen und ihnen dann den Raum zu verschaffen, um anderen von ihren Erfahrungen zu berichten. Ihnen folgen dann meist einige „early adopters", wie sie in der klassischen Diffusionstheorie genannt werden (zur Nutzung der Diffusionstheorie im Schulbereich vgl. Ullmann 2012), die als weitere „Leuchttürme" und Referenzpunkte fungieren. In jedem Fall ist aber von allen Betroffenen und Beteiligten irgendwann eine bewusste und explizit kommunizierte Entscheidung nötig, ob, wie und wann sie sich mit der Innovation befassen und entsprechende Lernvorgänge starten wollen.

Erst allmählich startet dann die allen Pädagogen aus ihrem Arbeitsalltag geläufige Phase des „Übens", die auch und gerade bei Erwachsenen für das Implementieren veränderter Praxis nötig ist. Hier gilt es, immer wieder Erfahrungsaustausch zu ermöglichen und damit die diversen Optimierungsimpulse allen im Kollegium zugänglich zu machen.

3 Ein besonders interessantes Thema für mutige Schulleitungen!

Regine Berger

Nicht umsonst haben die Erkenntnisse der Hattie-Studie für Furore gesorgt. Hier wird doch etwas wissenschaftlich nachgewiesen, was wir alle seit langem wussten, aber dennoch eher selten umgesetzt wird, oder? Es ist also auch eine Art der Bestätigung gemischt mit der nagenden Frage nach offensichtlich vorhandenen Unterschieden. Die einen reagieren mit Neugier und Interesse, auch Sie, die Sie ein Buch wie unseres lesen! Die anderen reagieren mit dem Hinweis, dass das ja alles schon längst bekannt ist und von daher nichts mehr getan werden muss. Diese Gruppe ist nicht im Fokus, da sie nichts zur Veränderung beitragen wird. Wir sprechen gerade mit dem Kapitel Handeln/Instrumente die besonders neugierigen Pädagogen an, die stetig auf der Suche danach sind, wie das Lernen der Schüler optimiert werden kann und die auch die Umsetzung im Fokus haben. Dazu gehören Mut und Freude am Entdecken, aber auch das Wissen um Erkenntnisse der Hattie-Studie, das Verstehen und last not least die **bewusste Entscheidung in der Rolle als Schulleitung** zum konkreten Handeln mit geeigneten Instrumenten/Methoden.

Im dritten Teil des jeweiligen Kapitels geht es deshalb um das „know how", also das „gewusst wie"! Es gibt nichts Gutes, außer man tut es! Auch dieser schon sehr alte Spruch kann als Motto bei der Einführung von unterrichtsbegleitendem Feedback an der Schule dienen.

Für die Schulleitung stellen sich bei der Einführung für eine konsequente Umsetzung besondere Herausforderungen, da das persönliche Wissen, die eigene Überzeugung, die Rollenklarheit und auch das eigene Engagement oft nicht ausreichen, um beim Kollegium Gleiches zu erreichen. Es ist aber auch beruhigend, dass in der Regel die meisten Pädagogen sehr engagiert sind, gern unterrichten und am Lernzuwachs ihrer Schüler äußerst interessiert sind.

Es ist, wie wir schon im letzten Kapitel erfahren haben, häufig Angst, die die Bereitschaft zur Veränderungen verhindert. Hier ist es meist eine eher gefühlte Überforderung, denn tatsächlich vorhandene Ausnahmen bestätigen die Regel und Sonderfälle der Profession bedürfen einer Sonderbetrachtung, die ebenfalls nicht Thema dieses Buches sind.

Unser Fokus liegt auf der Umsetzung der Hattie-Erkenntnisse in vier ausgewählten Bereichen und dabei ist ein entscheidender Schritt, dass die Leser im Kopf den Schalter umstellen auf: **Aus der Sicht der Schüler betrachtet!**

Wichtig sind gerade in der Rolle der Schulleitung die persönliche Begeisterung, die innere Überzeugung und der Mut dies auch offen und offiziell zu verkünden! Damit bewirken Sie letztlich mehr als alle Vorgaben! Sie können in einem überschaubaren Rahmen durch die Nutzung der Instrumente erreichen, dass die Schüler motivierter und besser lernen und ihr Lernzuwachs nachweislich optimiert wird. Mit einer **für das Gelingen not-**

wendigen Redundanz werden wir immer und immer wieder den Fokus ins Spiel bringen: Wenn wir vom Schüler und der Schülerin aus denken …

Im Teil Instrumente/Methoden finden Sie Möglichkeiten des Handelns, auch unterschiedliche Beispiele, Vorlagen und erfahrungsbasierte Hinweise, die Sie dann wiederum für sich und Ihr System anpassen können. Die Grundidee ist aber, dass Sie zunächst selbst erproben, dann die von Ihnen gemachten Erfahrungen/Ergebnisse rollenbezogen mit anderen im Kollegium diskutieren und so Sorge tragen, dass Alternativen entwickelt werden, die genau auf die Gegebenheiten der Schule passen.

Unterrichtsbegleitendes Feedback nach Hattie einführen

Die Erwartungshaltung an Schulleitung ist groß, was die Feedbackkultur an der Schule angeht. Idealerweise ist sie bereits vorhanden und soll nachgewiesen oder gepflegt werden. Wenn die vielbeschriebene Kultur noch nicht vorhanden ist, so findet man in allen Vorgaben, dass sie anzustreben oder zu erreichen ist. Nicht ganz so klar ist die Klärung des Begriffs und der jeweiligen Zielgruppe, was die Arbeit für die Schulleitung und das Kollegium nicht gerade erleichtert.

In Sachen Hattie und Feedback ist der Einstieg in einem Punkt recht vielversprechend, da es sich ja um ein zutiefst pädagogisches Thema handelt: dem Lernzuwachs von Schülerinnen und Schülern. Wer sagt nicht ja zu einer Thematik, die das Lernen der Schüler optimiert? Die Umsetzung ist aber gerade deshalb herausfordernd, da es ein **tief verwurzeltes unterschiedliches Verständnis** des Wortes **Feedback** gibt zwischen der englisch und der deutschsprachigen Lernkultur. Wenn eine Schulleitung also einen vermeintlich längst bekannten und bearbeiteten Begriff sozusagen neu in das Kollegium bringen möchte, so ist der Widerstand vorprogrammiert. Hören Sie schon die Kommentare? „Na, das ist ja etwas ganz Neues. Feedback! Das habe ich schon im Studium vor 30 Jahren beackert!" Oder: „Da war mal wieder einer auf der Fortbildung!" Oder: „Das kommt sicher von oben! Die haben doch keine Ahnung mehr, wie es an Schulen zugeht!" oder … Sie kennen diese Widerstände zur Genüge, oder?

Bleiben Sie konsequent! Es geht jetzt um eine Mitteilung, die das Lernen und den Lernzuwachs der Schüler betrifft und damit das Kerngeschäft von Lehrkräften.

Eines der entscheidenden Instrumente ist die gute alte „Ansage". Politisch gesehen wäre es eine Art „Regierungserklärung". Die Schulleitung stellt sich vor das Kollegium und sagt sehr kurz und klar, was sie zusammen mit dem Kollegium im Verlauf des nächsten Schuljahres erreichen möchte. Dabei wird durch Zeitpunkt, Art der Mitteilung und Struktur der wichtigsten Meilensteine deutlich, dass es nicht mehr darum geht Grundsatzdiskussionen zu führen, sondern um den konkreten Plan zur Umsetzung. Es kommt entscheidend darauf an, dass das Kollegium die Überzeugung der Schulleitung am Thema „Lernzuwachs erhöhen" spürt!

Ganz konkret kann dies so aussehen, dass die Schulleitung mit Begeisterung und viel eigener Neugier vom eigenen Wissenstand zum Thema Feedback nach Hattie berichtet, klar artikuliert, dass die nächsten Monate sehr fokussiert auf das Lernen der Schüler ausgerichtet sein werden und dabei ein entscheidender Baustein das unterrichtsbegleitende Feedback nach Hattie darstellen wird.

_____ Ihre Rolle als Schulleitung

Für eine persönliche innere Klärung könnten die folgenden Fragestellungen hilfreich sein:

- Was ist mir als Schulleiterin und Schulleiter vom Ergebnis her gedacht wichtig?
- Was ist mein Motor für die Umsetzung des Feedbacks im Unterricht unserer Schule?
- Worin sehe ich den Nutzen für die Schüler?
- Wie stelle ich mir die Einbeziehung der Schüler vor?
- Was ist meine Erwartung an das Kollegium?
- Was ist mein eigener Beitrag zur Umsetzung?
- Wo sehe ich den Zusammenhang zu Unterrichtsformen, die wir bereits an der Schule praktizieren?
- Welchen zeitlichen Rahmen stelle ich vor?
- Worin liegt für mich die Verknüpfung zu den Bildungsplänen/Lehrplänen?

_____ Die Diskussion zum Thema im Kollegium in Gang bringen

Sie platzieren das Thema in der nächsten Konferenz unter Tagesordnungspunkt 1 und schlagen ganz konkret drei unterschiedliche Möglichkeiten vor, so dass jeder im Kollegium bis zum gesetzten Zeitpunkt einen Weg für sich erkennt über das Feedback nach Hattie (nochmals) informiert zu sein:

1. Vielleicht möchte jemand von Ihnen gern diesen Part der Information übernehmen? Kommen Sie auf mich zu!
2. Wir können auch Experten einladen. Was halten Sie davon? Was ist Ihnen wichtig? Wen schlagen Sie vor?
3. Ich stelle auch gern mein Wissen zur Verfügung, möchte aber klar sagen, dass ich mich in diesem Kontext nicht als Experte verstehe, sondern eher als interessierten Mitstreiter.

_____ Schritt für Schritt die Umsetzung an der Schule gestalten!

In der Regel unterrichten Schulleitungen noch eine Reihe von Unterrichtsstunden und dies ist die optimale Chance ein Beispiel anzubieten. Nichts nimmt mehr Angst und motiviert zum Mitmachen als ein Beispiel, bei dem es einfach darum geht einen Grundstein für Gespräche und fachlichen Austausch zu legen. Die Botschaft muss klar rüberkommen: Es geht um neue Erfahrungen, um Austausch und Entwicklung, um Optimierung des Lernens und Einbeziehung der Schüler in dies für sie so wichtige Kerngeschäft: Das Lernen!

Hier einige Vorschläge, die Sie konkret einbringen könnten:

- Ich werde in meinem Unterricht auch mit dem unterrichtsbegleitendem Feedback beginnen und lade interessierte Kollegen ein, in meiner Stunde vorbeizuschauen und anschließend über das Erlebte zu sprechen.
- Ich schlage vor, dass wir Beispiele und Erfahrungen in Kurzkonferenzen vorstellen und dadurch erreichen, dass die Motivation anzufangen bei allen steigt!
- Wir beziehen den gesamten Schulalltag mit seinen vielfältigen Aufgabenbereichen ein! Immer da, wo es um konkrete Aufgabenstellungen geht und das lernprozessbegleitende Feedback Sinn macht! Dazu brauche ich Sie und Ihre Ideen!
- Auch Hausmeister und Sekretariat müssen konkret informiert und einbezogen sein. Wer hat Lust das zu übernehmen?
- Bis zum nächsten Ferienabschnitt wird gegenseitig zugeschaut und experimentiert, danach erwarte ich, dass Kurzkonferenzen stattfinden und darin geklärt wird, was es noch zu bearbeiten gibt.
- Im nächsten Schulhalbjahr berichtet jeder im Kollegium von eigenen Beispielen und Erfahrungen.
- Bei Unterrichtsbesuchen, Bewerbungsverfahren oder in den Gesprächen mit Studierenden, Praktikanten und Lehrer Anwärterinnen wird zukünftig das Thema unterrichtsbegleitendes Feedback nach Hattie ein Baustein sein, der standardmäßig besprochen wird.
- Last not least: Die Information der Klassen über den Fokus Lernen muss zeitnah, altersgemäß und motivierend erfolgen. Ich bin hier auch gerne bereit einen Part zu übernehmen, oder die Information mit Ihnen gemeinsam an Ihre Klasse oder die Klassenstufe heranzutragen.

Die Eltern nicht vergessen!

Bei der Frage des Lernens ist es unabdingbar, die Eltern so früh wie möglich in das Thema Feedback einzubinden. Es ist also von entscheidender Bedeutung, dass die Gremien früh informiert werden. Ein kurzer persönlicher Vortrag im Elternabend kann Sinn machen, je nach Größe der Schule sind die Strukturen zu nutzen, die es bereits gibt. Auch hier ist das WIE entscheidender als das WAS, um Eltern neugierig werden zu lassen:

- Wir gehen neue Wege um den Lernzuwachs der Schüler zu erhöhen.
- Wir möchten mit Ihnen über das Lernen sprechen! Wir informieren Sie gerne über neue Ansätze, die für das Lernen Ihrer Kinder bedeutsam sind.
- Wir sind daran interessiert zu erreichen, dass wir in Sachen Lernen und Feedback an einem Strang und dabei in die gleiche Richtung ziehen.
- Wir werden Sie über das, was wir an Erfahrungen gewinnen, regelmäßig informieren.

▬ Wenn Ihre Kinder zu Hause von Beispielen erzählen, die auch etwas mit dem Feedback, das sie zu Hause bekommen zu tun haben, dann sind wir wirksam geworden und haben gemeinsam etwas erreicht!

_____ So halten Sie den Prozess im Gang

So wie Ihr Beispiel zum Start wichtig sein wird, so ist das regelmäßige und vor allem auch informelle Nachfragen im Schulalltag. Auf dem Flur, in der Pause, bei kurzen Begegnungen oder in einem geplanten, zeitlich terminiertem Gespräch. Immer wieder gilt es die Frage zu stellen: „Wie geht es Ihnen mit dem unterrichtsbegleitendem Feedback in Ihrer Klasse? Wie erleben Sie die Schüler? Was war eine tolle Erfahrung für Sie? Was war eine Erfahrung, die Sie nachdenklich gemacht, oder besonders angestrengt hat, oder eine Erfahrung, die Sie zum Lachen gebracht hat? Wie erleben Sie Ihre Arbeit in der Klasse? Wie reagieren die Schüler ganz konkret?

Die Kollegen müssen deutlich spüren können, dass Ihre Fragen aus einem echten Interesse resultieren. Nutzen Sie jede Situation zum Gespräch, nicht zu langen Diskussionen oder ausufernden Beschreibungen, sondern eher zu kurzen Kontakten, die für alle wahrnehmbar sind.

Ein Hinweis zur Dynamik: Beim Einstieg keine Einzelkämpfer ermutigen, sondern Sorge tragen, dass mindestens drei Kollegen beim Einstieg dabei sind.

Sie werden auch Fälle erleben, in denen Sie kontrollieren (müssen), aber das sollte dann auch klar kommuniziert sein. Zum Beispiel: „Herr/Frau … ich spreche Sie an, da Sie entgegen unserer Absprache noch keinen Beitrag zum Thema Umsetzung des Feedbacks gebracht haben. Ich möchte gern in einem Gespräch im Laufe der kommenden Woche mit Ihnen klären, was die Gründe sind." Aber … das wird die Ausnahme sein!

In den meisten Fällen wird die Nachfrage auf der informellen Schiene, die regelmäßige Thematisierung in Konferenzen und bei Unterrichtsbesuchen dazu führen, dass es normal wird über die eigenen Erfahrungen zu sprechen.

_____ Feedback und Raumgestaltung an der Schule

Ein wichtiger Punkt: Die Umsetzung des Feedbacks nach Hattie hat auch viel damit zu tun, wie der Raum, in dem der Unterricht für die Klasse stattfindet, gestaltet wird (vgl. Abb. 1 und 2). Es wird Kolleginnen und Kollegen geben, die viel Erfahrung mit Sitzplatzveränderung und Raumgestaltung haben, dies auch täglich nutzen, aber es wird auch die geben, die das Umstellen von Tischen und Bänken als eine unzumutbare Zusatzarbeit ansehen. Eine oft zu hörende Aussage lautet: „Ich bin nur ein paar Stunden in der Klasse." Auch hier gilt es, klar zu bleiben. Ein unterrichtsbegleitendes Feedback setzt voraus, dass die Lehrkraft zum Schüler gehen kann und dabei die anderen nicht stört.

Abb. 1: Sitzordnung mit Blick zur Lehrkraft

Abb. 2: Sitzordnung für Feedback

Schaffen Sie Anlässe, um über diesen Aspekt zu sprechen und nutzen Sie die Energie der interessierten und offenen Kollegen. Bilder und Fragestellungen dazu sind hier oft sehr hilfreich: Was bringt die eine Sitzordnung, was die andere? Was haben Sie schon mal ausprobiert? Welche Erfahrung haben Sie gemacht? Wie könnten Sie in Ihrem Klassenraum vorgehen? Was erscheint Ihnen unüberwindbar? Warum? Was würde helfen?

Fragen Sie Kollegen nach deren Erfahrungen mit der Umstellung von Mobiliar und sprechen Sie direkt vor Ort, also im Klassenzimmer über Möglichkeiten der Gestaltung. Je praktischer die Arbeit erfolgt, desto besser! Es geht nicht um Theorie, sondern um die Umsetzung einer interessanten Methode im Unterrichtsalltag.

_____ Mit Schülern für Schüler – ein etwas ungewohnter Weg

Ein ganz anderer und recht reizvoller Ansatz ist es, wenn Sie als Schulleitung dafür werben, dass direkt damit begonnen wird, Feedback nach Hattie als Arbeitsgemeinschaft oder als Projekt mit Schülern durchzuführen. Mit den Schülern für die Schüler! So wie es in vielen Schulen Angebote für die Qualifizierung zu Streitschlichtern gibt, kann auch die Qualifizierung zu Feedback Profis erfolgen.

Übernehmen Sie dazu vorhandene Strukturen, die Sie z. B. für Streitschlichter oder andere Qualifizierungskurse bereits haben.

Entscheidend ist, dass die Schülermitverantwortung von Anfang an einbezogen wird, dass die Schüler spüren, dass sie ernst genommen und einbezogen werden. Sie lernen das Feedback in der Regel sehr schnell und nutzen es auch.

Ideal ist ein Start bei dem Sie als Schulleiter in die Klassen gehen und davon berichten, was das Feedback bewirken kann und dass es toll wäre, wenn die Schüler von Anfang an selbst aktiv mitarbeiten würden! Ein erster Kurs wird angeboten, keiner muss mitmachen, aber ... 10 dürfen mitmachen!

Die Schüler müssen unbedingt für sich einen Mehrwert erkennen können, Freiraum der Gestaltung haben, einen klaren Rahmen und die Chance, erfolgreich zu sein. Den Rahmen steckt die Schule, die Umsetzung erfolgt durch die, denen das Feedback auch in erster Linie dient: den Schülern. Die Wahl der Aufgabenstellungen sollte deshalb auch unbedingt ihnen überlassen werden. Sie haben Unmengen von Ideen und können so Stärken zeigen, die oft in der Schule gar nicht wahrgenommen werden.

Hattie selbst hat in einem persönlichen Gespräch begeistert von diesem Weg erzählt und die These vertreten, dass Feedback auf diese Weise leichter zur Routine wird als über den Weg der Qualifizierung von Lehrkräften. Die Lehrkräfte benötigen zwar in erster Linie eine Schulleitung, die hinter ihnen steht, sie brauchen aber auch die persönliche Entscheidung, sich auf diesen Weg einzulassen, den Mut auszuprobieren und das Vertrauen in die Schüler, die sicher auch bei dieser Arbeit einmal andere Schritte gehen als erwartet.

_____ Hilfreiche Materialien für die Arbeit als Schulleitung

- Wenn das Feedback von Hattie beschrieben wird, so ist es oft so, dass die Zuhörer sehr schnell zustimmend nicken, denn die Struktur der drei Ebenen erscheint klar, nachvollziehbar, einfach zu verstehen und folgt der Logik des Lernens. Und dennoch: Für die Schulleitung ist häufig das Gespräch oder der Beitrag zum Feedback nur ein kurzer Moment im ganz normalen Wahnsinn eines Schulalltags.

Eine Schulleitung hat eher selten, um nicht zu sagen nie die Zeit oder die Ruhe, in dieser Komplexität die Klarheit des Inhalts parat zu halten. Hier helfen strukturiert aufgebaute Inhaltspapiere, die für die jeweilige Situation zur Verfügung stehen. Lehrkräfte, Schüler oder auch Eltern sind in der Regel dadurch zu motivieren, dass die Inhalte klar verständlich sind, sprachlich der jeweiligen Zielgruppe angepasst und idealerweise so aufgebaut sind, dass sie sich auch als Dokumentation eignen.

- Wenn sie mit Lehrkräften sprechen, könnte die in Abb. 3 gezeigte Fremd- und Selbsteinschätzung zum Thema Feedback zielführend, hilfreich und entlastend sein. In einem ersten Schritt kann die Struktur mit den inhaltlichen Aspekten Sicherheit für Gespräche bieten. Das Blatt ist so aufgebaut, dass sie es auch digital nutzen können. Nachdem die inhaltlichen Parts auf der Informationsschiene bearbeitet wurden, können Sie dies Blatt dem Kollegen zuschicken und als Vorbereitung für ein Gespräch um eine Selbsteinschätzung bitten. Diese Form der Gegenüberstellung von Selbst- und Fremdeinschätzung ist mittlerweile eine bekannte Form, die in unterschiedlichsten Kontexten eingesetzt wird. Je nach Stand der inhaltlichen Sicherheit können Sie mit wenig Aufwand die einzelnen Items sprachlich anpassen. Die hinterlegten Formeln bleiben erhalten und ermöglichen eine prozessorientierte Dokumentation.

Thema: Feedback					
Strukturhilfe um die Entwicklung der Feedbackkultur im Kollegium sichtbar zu machen					
	Bearbeitung / Dokumentation				
	Selbsteinschätzung LK		Auswertungsgespräch mit SL		
	nein	ja	erledigt	in Arbeit	zu klären
Persönliche Kompetenz im Thema Feedback					
Ich habe das Feedback nach Hattie verstanden		×			
Ich fühle mich sicher es in der Klasse in meinem Fach umzusetzen		×			
Ich habe ein Beispiel für mein Fach erarbeitet	×				
Mein Beispiel habe ich mit den Kollege/innen abgestimmt	×				
Arbeit in der Klasse					
Ich habe meiner Klasse vom Feedback erzählt		×			
Ich habe der Klasse Beispiele in meinem Fach vorgestellt		×			
Ich habe die Schüler meiner Klasse Beispiele erarbeiten lassen		×			
Die Schüler haben die Beispiele miteinander besprochen		×			
Die Schüler können anderen das Feedback erklären	×				

Arbeit in Fachkonferenzen / PLG					
Ich habe das Thema für eine Fachkonferenz vorgeschlagen	x				
Ich habe ein Beispiel, das ich vorstellen werde		x			
Ich habe einen Vorschlag für den Zeitplan erstellt		x			
Ich habe die Moderation für die Sitzung angeboten		x			
Arbeit im Kontakt mit Eltern					
Ich haber eine Präsentation für Elternabende vorbereitet		x			
Ich stelle die Präsentation allen zur Verfügung	x				
Ich habe einen Vorschlag für die Durchführung eines Elternabends erarbeitet		x			
Kooprationspartner sind informiert					
Ich habe eine Liste der Kooperationspartner erstellt, die informiert werden		x			
Ich habe mich bereit erklärt eine Infoveranstaltung zu moderieren		x			
Summe	5	13	0	0	0
	18	18	0	0	0
Prozentualer Anteil	22 %	57 %			

Abb. 3: Beispiel für eine Gesprächsgrundlage Schulleitung – Lehrkraft zum Thema „Feedback" mit Selbsteinschätzung

Die recht überschaubare Anzahl von inhaltlichen Aussagen trägt dazu bei, dass in der Arbeit das Gefühl vorherrscht: Das ist überschaubar, leistbar und vor allem beinhaltet die Arbeit an den Aussagen eine Handlungsoption. Was werde ich als nächstes konkret tun? Wo sehe ich die Priorität für mich in meiner Klasse? Mit wem tue ich mich zusammen? Für die Schulleitung ist die Klarheit ebenso entlastend, da das Blatt im digitalen Ordner abgespeichert wird und beim nächsten Gespräch wieder problemlos als Ansatzpunkt dienen kann. Diese Form ist bei besonders Technik affinen Kollegen auch per Skype einsetzbar. Immer vorausgesetzt, dass die **Arbeitsbeziehung gut gestaltet** ist und beide diese Form als hilfreich ansehen.

Die systematische Arbeit der Schulleitung mit Arbeitsmitteln wie diesen führt letztlich dazu, dass aus der thematischen Arbeit mit unterrichtsbezogenem Feedback ein Schulentwicklungsprojekt wird, das am Anfang möglicherweise etwas schleppend beginnt, dann aber Dynamik entwickelt und schließlich in einer veränderten Haltung an der Schule spürbar wird.

Vielleicht haben Sie auch Lust dazu, der Lehrkraft das analoge Beispiel für ein Gespräch mit einem Schüler vorzustellen (vgl. Abb. 4). Schüler fühlen sich so besonders ernst genommen und genießen auch das Eintragen.

Thema: Feedback im Schulalltag

Strukturhilfe für ein Gespräch mit Schülern über das Thema Feedback

	Gespräch/Dokumentation				
	Selbsteinschätzung SUS oder Klasse		Einschätzung der Lehrkraft		
Bezug: Vereinbarung mit der Klasse am Thema Feedback zu arbeiten	Das kann ich noch nicht	Das kann ich	Das kannst du	Das kannst du noch nicht	Fragen
Das kann ich alleine					
Ich kann an einem konkreten Beispiel erklären, was mit Feedback gemeint ist.					
Ich kann etwas dazu sagen, was wir unter Feedback verstehen.		x	x		
Ich kann ein Beispiel für Feedback aus dem Fach … erklären.	x			x	
Ich kann Feedback-Beispiele aus dem Bereich Betriebspraktikum benennen.	x		x		
Das kann ich in einer Gruppenarbeit beitragen					
Ich kann Rückmeldung geben.		x	x		
Ich kann nach einer Rückmeldung fragen.		x	x		
Ich kann Beispiele für Feedback aus der Gruppenarbeit vorstellen.		x	x		
Das kann ich als Lernscout					
Ich kann anderen Feedback erklären.		x	x		
Ich kann anderen helfen Feedback zu geben.		x	x		
Ich kann mit anderen darüber sprechen, wie es ihnen mit dem Feedback geht, das sie bekommen haben.	x			x	
Das kann ich am Elternabend beitragen					
Ich stelle unsere Arbeit zum Thema Feedback in einem Elternabend vor.	x			x	
Ich berichte von einem Beispiel aus unserer Arbeit in der Klasse	x			x	
Das kann ich im Betriebspraktikum beitragen					
Ich kann etwas zu unsere Arbeit zum Thema Feedback sagen.	x			x	
Anzahl	6	6	7	5	
	12	12	12	12	
Prozentualer Anteil	29%	29%	33%	24%	

Abb. 4: Beispiel für Gesprächsgrundlage Lehrkraft – Schüler zum Thema „Feedback" mit Selbsteinschätzung durch den Schüler

Auch hier gilt: Es muss im direkten Kontakt geklärt worden sein, worum es geht, was das Ziel ist und in welchem Kontext diese Arbeit steht. Der besondere Reiz dieser Vorgehensweise liegt in der Dokumentation, die durch das Tun automatisch entsteht. So kann auch den Eltern an Beispielen aufgezeigt werden, wie gearbeitet wird und die Entwicklung Schritt für Schritt nachvollzogen werden. Hattie war begeistert von der Idee, da er vor allem die Beteiligung der Schüler gewährleistet sah.

___ Feedback ist nicht der Problemlöser Nr. 1

Feedback ist ein mächtiges Instrument für das Lernen und die Absicherung des Lernzuwachses. Es ist und bleibt aber auch (nur) ein Instrument. Es ist für Aktionismus nicht geeignet und die dafür eingesetzte Energie würde sich nicht lohnen, da Feedback im beschriebenen Sinn als eine ab und zu eingesetzte Methode unwirksam ist. Das Arbeiten mit diesem Instrument setzt klare Entscheidungen und Führungsstärke voraus. Von daher unterscheidet sich dies Instrument, was Fragen des Managements angeht, nicht von anderen: Letztlich muss es eingesetzt und reflektiert werden, um die optimale Wirksamkeit zu erreichen. Erst der konsequente Einsatz und die Bereitschaft die eigene Haltung zu verändern, wird nach und nach zur Optimierung des Lernens führen.

Eine besondere Chance liegt auch darin, dass gerade beim Feedback Fehler nicht nur erlaubt, sondern willkommen sind.

Sie sind geradezu die Grundlage des Feedbacks! Und dennoch, auch das beste Instrument will genutzt werden, sonst wird sich der „Wow-Effekt" des Gelingens nicht einstellen! Die Entscheidung zum Handeln erfordert in der professionellen Rolle Mut, Kraft fachliches Wissen zur Umsetzung, aber vor allem auch den unstillbaren Hunger danach, das Lernen der Schüler zu optimieren.

Die eigene Wirksamkeit messen

1 Wirksamkeit messen – eine pädagogische Herausforderung

Dietlinde Granzer

Eigentlich ist es so, dass jede Lehrkraft daran interessiert ist zu erfahren, wie gut ihre Klasse bei Klassenarbeiten oder Lernstandserhebungen bzw. Vergleichsarbeiten abschneidet. Auf der Basis dieser Ergebnisse hofft sie dann, ungefähr abschätzen zu können, wie gut ihr Unterricht ist, verglichen mit dem anderer Lehrkräfte aus anderen (Parallel-) Klassen. Natürlich gibt es in allen Kollegien das Phänomen, dass es große Unterschiede in Bezug auf die erzielten Durchschnitte zwischen den einzelnen Klassen gibt. Es gibt Kollegen, deren Klassen immer einen guten Schnitt vorweisen. Sobald die Klassen aber von anderen Lehrkräften unterrichtet werden, sacken diese leistungsmäßig ab. Andererseits gibt es wiederum Kollegen, die hohe Anforderungen an die Schüler stellen und bei denen es nicht einfach ist, sehr gute Noten zu erzielen. Entsprechend schlechter fallen auch die Mittelwerte aus.

Was sagt das über den Unterricht aus? Eine spannende Frage, denn sie stellt uns vor die Herausforderung, wie Wirksamkeit gemessen werden kann und wie Bildungserträge auf Seiten der Schüler transparent gemacht werden können. Um dies beantworten zu können, müssen wir uns zunächst mit dem Thema Erstellung von Tests für die Erhebung von Lernständen befassen, bevor wir uns der Frage zuwenden können, ob es möglich ist, die eigene Wirkung in Bezug auf unser Lehren zu messen.

Wie in der Wissenschaft Tests konstruiert werden

Wenn die Schüler an Leistungstests teilnehmen, fällt dem Leser oftmals auf, dass es viele Aufgaben gibt, bei denen Schüler die Lösung nicht selbst erarbeiten, sondern die richtige Antwort aus mehreren Antwortoptionen ankreuzen. Diese Aufgaben im Multiple-Choice-Format findet man üblicher Weise in Tests, weil sie leicht auszuwerten sind. In einem Test werden grundsätzlich Aufgaben für unterschiedliche Schwierigkeitsgrade bereitgehalten.

Die Entwicklung eines solchen Tests unter Einbeziehung von Aufgabenentwicklern ist aufwendig. Bevor sich diese an die Arbeit machen, werden die Kompetenzen, die überprüft werden sollen, zunächst fachdidaktisch und lernpsychologisch konkretisiert, so dass sich diese in eine Aufgabe überführen lassen. Dies ist deshalb notwendig, weil in den Bildungsstandards für die einzelnen Fächer die Standards zu den Kompetenzen oft zu unpräzise formuliert sind und deshalb erst geklärt werden muss, was unter dem einen oder anderen Begriff zu verstehen ist und welche Leistung Schüler zeigen müssen, um diesen Standard erreichen zu können. Damit die Aufgaben vergleichbar konstruiert werden, müssen einheitliche Richtlinien verfasst werden, die von den Aufgabenentwicklern herangezogen werden können, um klärende Hinweise bei Fragen der Konstruktion zu erhalten. Oftmals werden Testaufgaben in dieser Phase schon versuchsweise Kindern vorgelegt, um in Erfahrung zu bringen, ob diese mit dem Format oder bestimmten Formulierungen zurechtkommen.

Bei der Konstruktion von Aufgaben arbeiten Experten für Datenauswertung, sogenannte Psychometriker mit Fachdidaktikern zusammen. Wenn Aufgaben zu offen gestellt sind, geht zwar vielen Lehrkräften das Herz auf, weil es unterschiedliche Lösungswege gibt, aber wenn es um eine einheitliche Auswertung geht, stößt man hier schnell an Grenzen.

Schließlich werden die Aufgaben in einer sogenannten Pilotierung empirisch erprobt und nicht selten fallen mehr als 50 % der Aufgaben durch das Raster: Sie sind entweder viel zu leicht oder zu schwer, benachteiligen bestimmte Gruppen, sie werden eher von Schülern aus den südlichen Bundesländern nicht aber aus den nördlichen verstanden. Das kann bereits an einzelnen Wörtern liegen.

Woher weiß man das? Bei der Pilotierung laufen auch Aufgaben aus fachbezogenen Tests oder Intelligenztests mit, die den empirischen Härtetest, die Normierung, bereits erfolgreich durchlaufen haben und von denen man genau weiß, wie „schwer" diese sind oder welche Kompetenzen sie erheben können. So kann überprüft werden, ob die neu konstruierten Aufgaben ähnlich gut abschneiden und alle Schwierigkeitsgrade abdecken. Nur die besten Aufgaben bleiben für die Normierung übrig und diese decken optimaler Weise alle Niveaustufen ab. Für diesen letzten Schritt, die Normierung, werden einer repräsentativen Stichprobe von Schülern die Aufgaben vorgelegt und auf dieser Basis alle Aufgaben mit empirischen Kennwerten versehen. So kann man beispielsweise genau sagen, wie viel Prozent der Schüler die Aufgabe gelöst haben, welche Kompetenz mit ihr erhoben werden kann und welchen Schwierigkeitsgrad sie abdeckt. Auf der Basis der Kennwerte für jede Aufgabe kann man also diese in eine Reihenfolge von leicht bis schwierig bringen. Wie man sieht, ist dies ein aufwendiges Verfahren, das für den schulischen Kontext nicht geeignet ist, aber man kann einiges für die Erstellung von Aufgaben für schulische Test daraus lernen. Denn auch dort geht es darum, durch die Aufgabenstellung genau das zu messen, was gewünscht ist und dies möglichst genau.

Gute Aufgaben im Unterricht und in Klassenarbeiten

Im Unterricht geht es ebenfalls darum, über gute Aufgaben in Klassenarbeiten zuverlässig zu überprüfen, wo Schüler im Lernprozess stehen. Deshalb decken gute Aufgaben möglichst unterschiedliche Schwierigkeitsgrade ab. Das soll an zwei Aufgaben verdeutlicht werden:

1. Aufgabe: Zahlengitter

Beim Zahlengitter beginnt der Rechenvorgang mit der Starterzahl links oben im Gitternetz, dann werden nach rechts und nach unten fortlaufend Pluszahlen addiert. Die Zahl rechts unten heißt Zielzahl, die mittlere Mittelzahl und die am Rand liegenden Zellen Randzahlen (vgl. Selter 2004).

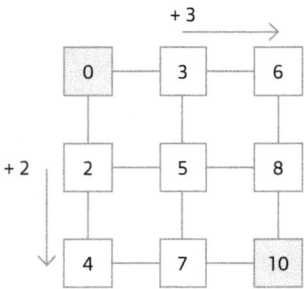

Abb. 1: Zahlengitter

Beim Zahlengitter (vgl. Walther u. a. 2008) werden unterschiedliche Kompetenzen aktiviert, die Kinder wenden Problemlösen an, es werden Lösungsstrategien entwickelt und genutzt, es werden Zusammenhänge erkannt, genutzt und auf ähnliche Sachverhalte übertragen. Wenn Kinder diese Aufgabe in der Grundschule lösen, dann können sie unterschiedlich vorgehen, sie können systematisch oder unsystematisch probieren, aus einem Tauschpaar das Pluszahlen-Paar ableiten, die Mittelzahl, die immer gleich bleibt, in zwei Summanden zerlegen oder durch operatives Verändern der Pluszahl zu Lösungen kommen.

An diesem Beispiel wird schon deutlich, dass diese Aufgabe mit ihren Teilaufgaben auf unterschiedliche Schwierigkeitsstufen ausgelegt werden kann wie beispielsweise:

- Es werden die Zielzahl und die Pluszahlen vorgegeben. Damit werden Grundfertigkeiten geübt.
- Es werden die Starterzahl sowie die Zielzahl angegeben. Dann müssen die Pluszahlen selbständig erschlossen werden und unterschiedliche Lösungswege sind denkbar.
- Es können unterschiedliche große Zielzahlen (z. B. 64, 9998) vorgegeben werden und die gefundenen Lösungswege werden übertragen. Voraussetzung für diese Aufgabe ist, dass sie den Lösungsweg beherrschen.
- Die Kinder sollen erklären, wie man zur Zielzahl 20 kommt. Bei dieser Aufgabe müssen die Kinder von den Lösungswegen eine klare Vorstellung haben, um diese beschreiben zu können. Diese Teilaufgabe ist eine schwieriger, sie ist allerdings auch herausfordernd für die Korrektur und die Punktevergabe.

- Die Kinder sollen erklären, warum die Zielzahl immer das Doppelte der Summe der linken und oberen Pluszahl ist. Dies ist eine anspruchsvolle Aufgabe, weil sie analysierend Regeln identifizieren müssen. Auch hier ergibt sich die Herausforderung, wie sie kodiert wird und welche Erklärungen als akzeptabel eingestuft werden.

Wenn Lehrkräfte Schülern mehrere solche Aufgaben vorlegen, dann können sie überprüfen, ob sie als Lehrkraft im Fach Mathematik der Grundschule in der Domäne Zahlen und Operationen wirksam geworden sind.

2. Aufgabe: Eine Kurzgeschichte analysieren

Diese Aufgabe (vgl. Bischof 2012) ist angesiedelt im Fach Deutsch, Jahrgangsstufe 11. Neben den für den Bereich „Lesen – Mit Texten umgehen" typischen Kompetenzen soll der Text unter Einbeziehung des Kommunikationsmodells von Schulz von Thun analysiert und vor diesem Hintergrund ein lösungsorientierter Dialog verfasst werden. Folgende Kompetenzen werden aktiviert:

- Inhalte einer Kurzgeschichte wiedergeben.
- Thema einer Kurzgeschichte formulieren.
- Vier Ebenen einer Nachricht unterscheiden und formulieren.
- Die Problematik der Beziehung anhand der Kommunikationsanalyse erläutern.
- Wesentliche sprachliche Merkmale identifizieren und deren Wirkung darstellen.
- Lösungsmöglichkeiten für die Beziehungsstörung in einem produktiven Schreibauftrag entwickeln.

Text
Kurt Marti: Happy End

Sie umarmen sich, und alles ist wieder gut. Das Wort ENDE flimmert über ihrem Kuss. Das Kino ist aus. Zornig schiebt er sich zum Ausgang, sein Weib bleibt im Gedrängel hilflos stecken, weit hinter ihm. Er tritt auf die Straße und bleibt nicht stehen, er geht, ohne zu warten, er geht voll Zorn, und die Nacht ist dunkel. Atemlos, mit kleinen, verzweifelten Schritten holt sie ihn ein, holt ihn schließlich ein und keucht zum Erbarmen. Eine Schande, sagt er im Gehen, eine Affenschande, wie du geheult hast. Sie keucht. Mich nimmt nur wunder warum, sagt er. Sie keucht. Ich hasse diese Heulerei, sagt er, ich hasse das. Sie keucht noch immer. Schweigend geht er und voll Wut, so eine Gans, denkt er, so eine blöde, blöde Gans, und wie sie keucht in ihrem Fett. Ich kann doch nichts dafür, sagt sie endlich, ich kann doch wirklich nichts dafür, es war so schön, und wenn es schön ist, muss ich einfach heulen. Schön, sagt er, dieser Mist, dieses Liebesgewinsel, das nennst du also schön, dir ist ja wirklich nicht zu helfen. Sie schweigt und geht und keucht und denkt, was für ein Klotz von Mann, was für ein Klotz.

Quelle: Internet http://www.gibs.at/cms/pdf/yb06_07/matura.pdf, 15.11.2014

Arbeitsaufträge

1. Formulieren Sie das Thema der Kurzgeschichte und fertigen Sie eine knappe Inhaltsangabe an.
   Erläuterung: Bei dieser Teilaufgabe müssen Schüler wissen, was unter „Thema" zu verstehen ist, wie eine Inhaltsangabe aufgebaut ist und wenden dieses Wissen auf diese Kurzgeschichte an. Ein Tiefenverständnis wird also vorausgesetzt, um die Aufgabe zu lösen, weshalb dies eine anspruchsvolle Aufgabe ist.

2. Legen Sie eine Tabelle an für jede verbale Äußerung mit den Spalten „Gesagtes" und „Gemeintes" (formulieren Sie das Gemeinte in Form einer Ich-Botschaft).
   Erläuterung: Hier liegt die Anforderung darin, Gesagtes vom Gemeinten zu unterscheiden und letzteres in eine Ich-Formulierung zu überführen. Diese Aufgabe ist eher leicht, weil Schüler lediglich auf dem Hintergrund des Kommunikationsmodells unterscheiden können müssen. Voraussetzung ist natürlich, dass das Kommunikationsmodell in der Klasse besprochen und die Schüler das Modell verstanden haben. Dann handelt es lediglich um die Anwendung eines erworbenen Wissens.

3. Ordnen Sie alle Aussagen in der Spalte „Gemeintes" den 4 Seiten einer Nachricht zu!
   Erläuterung: War bei vorheriger Aufgabe lediglich zwischen zwei Konzepten zu unterscheiden, muss das Gemeinte selbst dahingehend analysiert werden, welcher der 4 verschiedenen Seiten es zuzuordnen ist. Diese Aufgabe ist anspruchsvoller als die vorherige.

4. Erläutern Sie anhand der Kommunikationsanalyse, auf welcher Ebene der Konflikt ausgetragen wird!
   Erläuterung: Hier geht es um Anwendung von Wissen und die Zuordnung ist einfach.

5. Identifizieren Sie sprachliche Merkmale der Kurzgeschichte und zeigen Sie auf, wie diese das Thema der Geschichte untermauern.
   Erläuterung: Bei dieser Aufgabe muss der Lernende wissen, welche sprachlichen Merkmale für eine Kurzgeschichte konstitutiv sind und vor diesem Hintergrund analysieren, welchen Zusammenhang es zum Thema der Geschichte gibt. Diese anspruchsvolle Aufgabe kann eigentlich nur dann gelöst werden, wenn Aufgabe 1 erfolgreich bearbeitet wurde.

6. Nennen Sie mögliche Gründe für die Ehekrise.
   Erläuterung: Diese Aufgabe kann auch ohne die Heranziehung eines Kommunikationsmodells bearbeitet werden, setzt damit also nicht das Verständnis für ein Konzept voraus. Ganz anders bei der folgenden Teilaufgabe.

7. Verfassen Sie einen Dialog zwischen den Ehepartnern, der die wirklichen Probleme in der Beziehung zur Sprache bringt und mögliche Lösungen aufzeigt.
   Erläuterung: Bei dieser Aufgabe müssen die Lernenden das Modell und nicht nur Teilaspekte komplett verstanden haben, um einen Dialog zu schreiben, bei dem die Probleme auf der Beziehungsebene so artikuliert werden, dass sie besprechbar sind. Diese Aufgabe stellt hohe Anforderungen an die Lehrkräfte bei der Korrektur, weil sie klären müssen, welche Aspekte benannt werden müssen, damit die volle Punktzahl vergeben werden kann.

Deutlich wird bei den beiden Aufgabenbeispielen aus den Fächern Mathematik und Deutsch, dass unterschiedliche Verstehensebenen – das Oberflächenverstehen, das Tiefenverstehen und das Konzeptverstehen – angesprochen werden. Schüler wenden einfache Routinen an, stellen Zusammenhänge her oder analysieren, reflektieren Konzepte und nehmen eine Transfer des Konzeptverständnisses vor.

Je präziser die Aufgabenstellung, desto einfacher die Auswertung und Überprüfung, ob die Lehrkraft wirksam geworden ist. Sinnvoller Weise erstellen Lehrkräfte gemeinsam Aufgabenpools sowie die Auswertungsvorschriften bzw. Punktevergabe für jede Aufgabe wie beispielsweise im Kapitel „Zielgerichteter Dialog" (s. S. 101) beschrieben oder sie stützen sich, wenn sie ihre eigene Wirkung überprüfen wollen, auf Aufgaben aus Lernstandserhebungen, Vergleichsarbeiten oder Tests.

Bei Klassenarbeiten mit d-Werten operieren

Hattie (2012) schlägt vor, auch im normalen Unterricht mit dem d-Wert zu operieren und sich an dem von ihm in seiner Metastudie festgelegten Umschlagspunkt von d = .40 bei der Bewertung der erzielten Ergebnisse auf Seiten den Schüler zu orientieren. Der Vorteil der Arbeit mit d-Werten ist, dass die Entwicklung des Lernprozesses dargestellt werden kann. Für Lehrkräfte liegt allerdings die Frage nahe, warum eigentlich nicht Mittelwerte ausreichen, um zu dieser Information zu gelangen.

Sich an Mittelwerten orientieren

Schauen wir uns erst anhand eines Beispiels das Ergebnis einer Auswertung zweier Klassenarbeiten an, die die gleichen Kompetenzen erheben (vgl. Tab. 1). Erreicht werden können maximal 100 Punkte. Die Leistung der Klasse insgesamt ist mit einem Mittelwert von 52 Punkten bei der ersten und 60 Punkten bei der zweiten Klassenarbeit eher durchschnittlich. Der Wert von 60 Punkten bei der zweiten Klassenarbeit legt nahe, dass sich die Lernenden bei der Anwendung ihrer Fähigkeiten und Fertigkeiten weiter entwickelt haben.

Wenden wir uns nun einzelnen Schülern zu. Wenn wir die Mittelwerte bei den beiden Arbeiten betrachten (52 bzw. 60 Punkte) und vergleichen dann damit die Werte von Natascha (25 und 35 Punkte), die wie Benjamin (30 und 45 Punkte) eine Verbesserung erreicht, dann liegt deren Ergebnis in beiden Durchgängen aber jeweils deutlich unter dem Durchschnitt. Zieht man das Ergebnis von Mia heran, kann man sofort erkennen, dass sie beim 1. Durchgang (75 Punkte) wie beim zweiten Durchgang (70 Punkte) sehr gute Ergebnisse erzielt, auch wenn sie bei der Klassenarbeit 2 etwas schlechter aber im Vergleich zum Ergebnis der Gesamtgruppe immer noch deutlich über dem Durchschnitt liegt:

Name	Klassenarbeit 1	Klassenarbeit 2
Natascha	25	35
Benjamin	30	45
Sandra	35	45
Anton	40	40
Michael	45	50
Johanna	50	55
Kerstin	55	85
Bernie	60	70
Jarscha	65	75
Nicole	75	80
Luca	50	50
Sophie	45	55
Jonas	60	60
Mia	75	70
Elias	45	45
Leonie	80	80
Hanna	20	50
Maximilian	50	55
Paul	35	40
Emma	45	60
Sophia	75	80
Marie	65	65
Lukas	65	65
Louis	60	60
David	30	50

Name	Klassenarbeit 1	Klassenarbeit 2
Lena	40	50
Lukas	75	75
Tim	35	55
Anna	85	85
Mittelwert	52	60

Tab. 1: Erreichte Punktzahl von Schülern bei zwei Klassenarbeiten

Die Effektstärke bringt einen zusätzlichen Erkenntnisgewinn

Die Orientierung am Mittelwert bei der Auswertung von Klassenarbeiten ist eine uns Pädagogen vertraute Größe. Welchen Erkenntnisgewinn bringt nun die Berechnung der Effektstärke?

In die Effektstärke werden die Mittelwerte aber auch Standardabweichungen bzw. der Mittelwert der Standardabweichungen einbezogen. Letztere machen vereinfacht formuliert eine Aussage über die Streuung der Ergebnisse um den Mittelwert.

Betrachten wir die Ergebnisse unter dem Aspekt, wie sich der Lernzuwachs der Klasse darstellt:

Name	Klassenarbeit 1	Klassenarbeit 2
Mittelwert	52	60
Standardabweichung	18	14
MW Standardabweichungen		16
Effektstärke d		0,46

Tab. 2: Übersicht über Mittelwerte, Standardabweichungen bei den Klassenarbeiten und erzielte Effektstärke

Die Lehrkraft war also **bezogen auf die Klasse wirksam** und hat diesen Schülern zu einem erheblichen Lernzuwachs ($d = 0,46$) verholfen. Im Unterschied zur Klassenarbeit 1 hat sich zudem die Streuung (Standardabweichung 18 vs. 14) verringert und die Leistungen der Schüler haben sich stärker angeglichen, was ebenfalls für die Wirksamkeit ihrer Lehrstrategien spricht.

Lernzuwachs der einzelnen Schüler/innen

Haben aber auch die einzelnen Schüler/innen profitiert und wenn ja wie? Auch bei der Beantwortung dieser Frage plädiert Hattie für das Heranziehen des d-Werts. Betrachten wir daher noch einmal die vorher genannten drei Schüler. Wie hat sich bei diesen die Lernkurve entwickelt?

SuS	Klassenarbeit 1	Klassenarbeit 2	Effektstärke
Natascha	25	35	0,62
Benjamin	30	45	0,93
…	…	…	…
Mia	75	70	−0,31

Tab. 3: Übersicht über Punktezahl bei den Klassenarbeiten und erzielte Effektstärke auf Schülerebene

Legt man den d-Wert zu Grunde, ist man etwas verblüfft. Hatte Mia bei dem Vergleich der Einzelleistungen der Schüler mit dem Klassendurchschnitt eindeutig die Nase vorne, so scheint sich das Bild komplett zu drehen, wenn man fragt, wie sich die Schüler individuell aber auch mit Bezug zur Klasse in ihrer Lernleistung entwickelt haben und bei welchen Schülern die Lehrkraft wirksam wurde:

- Benjamin ist nun vorne vor Natascha gefolgt von Mia, die sogar eine negative Lernentwicklung zu verzeichnen hat.
- Bei Benjamin und bei Natascha, die eher schwächeren Schüler, war die Lehrkraft sehr erfolgreich, nicht aber bei Mia, die zu den leistungsstärksten gehört.

Jetzt kann genauer analysiert werden, woran dies liegt. Hat die Lehrkraft vor allem die schwächeren Schüler im Blick? Hat Mia möglicherweise Probleme, die sie hindern, wie gewohnt ihre Leistung zu zeigen? Vor diesem Hintergrund kann die Lehrkraft mehrere Optionen heranziehen, um ihr Unterrichtshandeln so auszurichten, dass auch Mia im Lernprozess bleibt und gefordert wird. Die Lehrkraft kann, sobald sie ausgeschlossen hat, dass die Negativentwicklung auf das persönliche Situation oder das Umfeld von Mia zurückzuführen sind, im Unterricht Sorge dafür tragen, dass die kognitiv starken Schüler zusätzliches „Futter" bekommen und sich stärker kognitiv herausgefordert fühlen. Die Lehrkraft wird dies vor allem dann machen, wenn sie feststellt, dass die leistungsstärkeren Schüler in der Klasse gleichbleibende oder schwächere Leistung zeigen. Auf der Basis der Datenanalyse kann sie ihren Unterricht zu einem guten Unterricht weiterentwickeln, bei dem möglichst alle Schüler eine positive Lernkurve zeigen und zugleich die Leistungsstreuung minimiert wird.

Wie dieses Beispiel zeigt, führt das Heranziehen von d-Werten dazu, dass Lehrkräfte stärker auf die Entwicklung des Lernens auf Klassenebene aber auch auf Schülerebene fokussieren und sich dadurch einen Einblick über ihre eigene Wirksamkeit verschaffen können. Damit haben sie den Schlüssel in der Hand, das Lernen der Schüler zu optimieren.

2 „Wirksamkeit" als pädagogische Kategorie – das Unbehagen verstehen und die Chancen prüfen

Wolfgang Looss

Eine umstrittene Perspektive

In den Geistes- und Sozialwissenschaften ist „Wirksamkeit" eine ungewohnte und noch junge Kategorie. Der Begriff weckt zunächst Assoziationen zu den bekannten Studien von Bandura zur Selbstwirksamkeitserwartung, die den Wirksamkeits-Begriff in den 70er Jahren überhaupt erst in die Diskussion brachten, auch im Schulbereich (z. B. Fuchs 2005). Schnell fand er darüber hinaus Eingang in andere Handlungsfelder wie Beratung, Therapie (Grossmann 2005) und Personalentwicklung (prominent etwa Corssen 2004).

Dieses Konzept der „Selbstwirksamkeit" ist jedoch schon eine begriffliche Verkürzung, die zu manchen Missverständnissen führte und führt. Es ist zunächst ein klassisches psychologisches, also ein intrapersonales Konstrukt, das aus den allseits bekannten Konzepten zur Kontrollüberzeugung und erlernten Hilflosigkeit hervorgegangen ist. Es müsste deswegen streng genommen immer mit dem vollständigen Fachbegriff als „Selbstwirksamkeitserwartung" benannt werden. Und in dieser Qualität als subjektgebundene Kategorie ist es auch für Geisteswissenschaftler und Pädagogen hoch anschlussfähig. Konsequent wurden denn auch im Schulbereich und in der Lehrerausbildung eine Fülle von Projekten und Studien zur beabsichtigten Steigerung der Selbstwirksamkeitserwartung bei Schülern (z. B. Jerusalem 1998, Kutner 1995) und später dann auch bei angehenden Lehrern (z. B. Schmitz/Schwarzer 2002) aufgelegt. Insoweit ist die Vokabel „Wirksamkeit" in der Pädagogik vorhanden, aber eben unter einem ganz bestimmten Verwendungszusammenhang

In unserem Kontext der Umsetzung von Impulsen aus der Hattie-Studie ist dieser Wirkungsbegriff allerdings nur sehr begrenzt brauchbar, denn der Wirksamkeitsbegriff von Hattie propagiert zunächst offenbar gerade **nicht** ein intrapersonales Wirksamkeits-Konstrukt sondern ermuntert Lehrpersonen dazu, sich ihrer „Wirkung" als Veränderungs-Agenten in Sachen Lernen, also durchaus als Bewirkende und Machende, als Eingreifende und Verursacher bewusst zu werden. Ein solcher Wirksamkeitsbegriff hat allerdings seine Tücken, was die Akzeptanz und Rezeptionsbereitschaft in der deutschen Schulpädagogik betrifft: Solche Art von „verursachender" Wirkung der eigenen Person und des eigenen Handelns in den Blick zu nehmen, das weckt Assoziationen an ein als überholt gedachtes Denken in einfachen Ursache-Wirkungs-Kategorien wie man sie aus den Ingenieurwissenschaften kennt und von dem man sich in der Pädagogik wie in anderen Sozialwissenschaften längst verabschiedet hat. „Wirkung" als Kategorie ist landläufig verortet in technischen Arbeitskontexten, wo man schon lange die Kennzahl „Wirkungs-grad" als Relation von Output zu Input kennt und im Umgang mit Gegenständen (Aggre-gaten, Geräte) auch ohne jeden Vorbehalt einsetzt. Auch in der Medizin und Pharmazie wird ganz unbefangen nach der „Wirkung" von Operations-Methoden, Heil-Verfahren und chemischen oder biologischen Substanzen Ausschau gehalten. Evidenzbasiertes Handeln beruht dort auf als sicher erkannten generellen Wirkungszusammenhängen im Sinne einer linearen „cause-and-effect"-Betrachtung.

In den personenorientierten Bereichen der Wirtschaftswissenschaften, also im Mar-keting, im Führungshandeln oder in Kooperationsbetrachtungen tut man sich schwer mit einer Zwischenposition. Von den Denkgewohnheiten her würde man gerne auf komplexi-tätsreduzierte einfache Wirkungsketten linearen Zuschnitts zurückgreifen. Da jedoch Menschen im Spiel sind, muss man sich dort mit allerlei Unwägbarkeiten „nichttrivialer Systeme" auseinandersetzen. Soweit es dabei um Massenphänomene geht, lässt sich nach dem Gesetz der großen Zahl noch ein eher mechanistisches Denken aufrechterhalten: Eine Werbeagentur kann – abgestützt auf Statistiken – sagen, dass ihre Werbemaßnahme den Umsatz um x % gesteigert hat. Und summarisch ist das eine handlungsleitende Aussage über eine „Wirkung", auch wenn man nichts darüber weiß, bei wem und wieso dieser Ef-fekt denn zustande gekommen ist.

Doch Pädagogen und andere Geisteswissenschaftler oder „Menschenarbeiter" sehen bei solchen mechanistischen Weltzugängen mit Recht die Gefahr, dass hier das so wichtige Subjekt, die Person ausgeblendet wird und damit die Dimensionen des Intersubjektiven verloren geht. Deswegen ist es dort ausgesprochen unpopulär, einen zwischenmenschlichen Arbeitsvorgang als nur mehr technisch-sachliches „Einwirken" zu sehen und damit die kom-plexe Dimension der Interaktion und des Kontaktgeschehens zu verlassen.

Und auch die Auffrischung der pädagogischen Diskussion durch systemische Zu-gänge würde dergleichen Unbehagen noch verstärken: Wissen wir doch aus der System-theorie, dass Individuen als psychische Systeme „operational geschlossen" sind, sich ihre Realität konstruktivistisch selbst erzeugen und deswegen schon die gesamte Idee der Ins-truktion wissenschaftstheoretisch ein ziemlicher Holzweg ist (Holtz 2008). „Lehren" ist in dieser Hinsicht auch nichts anderes als ein kunstvolles „Verstören" der inneren Vorgän-ge eines anderen Individuums, nicht planbar in der Wirkung, bestenfalls aussichtsreich und anschlussfähig, nicht aber planmäßig wirkungsvoll.

Die pädagogische Welt tut sich also mit der Idee einer „techne", einer handwerklich ausgerichteten Lehre davon, wie etwas gemacht werden muss, ausgesprochen schwer, was die Systemiker Luhmann und Schorr schon vor über 20 Jahren zu ihren respektlosen „Fra-gen an die Pädagogik" veranlasste (Luhmann/Schorr 1982). Und doch gibt es eben auch eine Sehnsucht nach genau solchen Verfahrensanweisungen, wie die großen Mengen an vorgedachtem Unterrichtsmaterial zeigen. Und das Buch von J. und M. Grell mit dem pro-vokanten Titel „Unterrichtsrezepte" liegt seit nunmehr 36 Jahren in der 12. Auflage vor.

Mitten in diese Ambivalenz zwischen dem latenten Unbehagen am „technischen" Vorgehen und der Sehnsucht nach eindeutiger Orientierung greift John Hattie nun mit der

Idee einer bewirkenden und dann im Effekt sogar noch zu messenden professionellen Verhaltensweise im Unterricht. Seine berühmte Formel „Know thy impact!" fordert dazu auf, sich mit der eigenen Einflussnahme auf das Lerngeschehen zu befassen und sich seiner Verantwortung als pädagogischer „Macher" bewusst zu werden. Mit diesem latenten Unbehagen und ihrem Gegenstück, mit dieser Widersprüchlichkeit muss eine Schulleitung umgehen, die mit dem Kollegium entlang der Hattie-Impulse der Idee einer Wirkungsbetrachtung und Wirkungsmessung von Lehrerhandeln im Unterricht nähertreten möchte.

Was meinen wir mit „Wirksamkeit"?

Nähern wir uns dem Wirksamkeitsbegriff noch etwas an. John Hattie behauptet zwar von sich, dass er nun mal gerne mit Zahlen umgehe – er war schließlich mal Lehrer für Mathematik. Doch das heißt sicher nicht sofort, dass er mit seinem Aufruf nun ein plumpes mechanistisches Instruktionsmodell vertritt, bei dem Lehrpersonen in technischer Manier einen Unterricht betreiben, der sich dann bei entsubjektiviert gedachten Schülern mehr oder minder kompetenzsteigernd auswirkt.

Wir können rein sprachlich einen informativeren Zugang finden, wenn wir uns genauer über den Begriff des „impact" verständigen. Das Wort bezeichnet in der Ursprungsbedeutung tatsächlich einen intensiven Kontakt zwischen zwei Entitäten, es entstammt dem lateinischen „impingere", was so viel wie „hineinschlagen, intensiv in Kontakt bringen" bedeutet und wiederum aus dem Wort pingere hervorgegangen ist, was so viel wie „anmalen" bedeutet. Und damit wird nun auch noch einmal der Unterschied zu Banduras Selbstwirksamkeitskonzept deutlich: Im englischen Original ist dort sehr treffend von „efficacy" die Rede und das bedeutet in der Tat nichts anderes als das Herstellen eines vorgedachten und gewollten Ergebnisses oder Endzustandes bzw. eben dann die der eigenen Person zugeschriebene Fähigkeit, etwas Gewolltes auch bewirken zu können. „Impact" ist mithin tatsächlich im Kern ein Kontaktbegriff und von Hattie auch so verstanden, während der von Bandura gewählte Begriff „efficacy" tatsächlich den Vorgang beschreibt, bei dem Gewolltes real hergestellt werden kann bzw. bei dem Menschen mehr oder minder intensiv daran glauben, dazu in der Lage zu sein.

Leider werden im Deutschen beide Begriffe mit „Wirksamkeit" übersetzt. Aus dieser Unschärfe entsteht allerlei Verwirrung im professionellen Diskurs der verschiedenen Disziplinen.

Hattie hat seinen Begriff also mit Bedacht gewählt: Es geht gar nicht um die mechanistische Idee, etwas vorgedacht Gewolltes zu erreichen. Es geht vielmehr darum, sich damit zu beschäftigen, wie der Kontakt, das wechselseitige Einwirken zwischen Lehrperson und Schülern beim Unterrichten eigentlich beschaffen ist und sich entwickelt. Wenn ich also als Lehrender meinen „impact" auf die Schüler in den Blick nehme, dann muss ich mich für zwei Wahrnehmungs-Bereiche interessieren: Für das, was bei meinem Schüler, meiner Schülerin passiert und für das, was bei mir selbst als Lehrperson passiert.

____ Fokus mit eingebauten Sekundärwirkungen: Kompetenzen

Wer dem Aufruf von Hattie folgen will, kommt um Kompetenzen als Basisdimension des unterrichtlich zu Erreichenden nicht herum. Wer sich für die eigene Wirksamkeit im pädagogischen Kontaktgeschehen interessiert und wer das auf dem Wege tut, genauer hinzuschauen, mit welchen unterrichtlichen Mitteln Lernerfolg entsteht, der ist darauf festgelegt, Kompetenzentstehung bei Schülern zu beobachten.

Die Diskussion um das Für und Wider, um die Risiken und Chancen bei der Einführung kompetenzorientierten Unterrichtens ist im Schulbereich allgegenwärtig und muss hier nicht erneut ausgerollt werden. Allerdings hat der von Hattie propagierte Weg für diese Diskussion durchaus seine Nebenwirkungen: Wenn sich die Lehrperson – nunmehr messend und vergleichend – daran macht, genauer zu verfolgen, welche unterrichtlichen Wege und welches Lehrerverhalten zu welchen Ergebnissen führen und wenn diese Erkenntnisse über „gute Wege" mit ihren hohen Effektstärken dann im Kollegium besprochen werden, dann muss zwangsläufig auch über Kompetenzen und deren Sinnhaftigkeit gesprochen werden.

Diese Nebenwirkung mag erwünscht sein oder nicht, sie will in jedem Fall von einer achtsamen Schulleitung von Anfang an mitgedacht werden. Genauer hingesehen mag es durchaus ein Anreiz sein, didaktisch nun endlich und ernsthaft mit den vielbeschworenen Kompetenzen zu operieren, damit man die erstrebten Vergleichsmessungen über Lerneffekte bei einzelnen Schülern und in der Klasse anstellen kann. Ohne den **Rückgriff auf die Kompetenzorientierung** funktioniert die Perspektive nach Hattie nun einmal nicht.

Doch wenn dann im Zuge der Implementierungsarbeit Kompetenzen definiert werden, wenn vom Kollegium für die Fächer und Jahrgänge Prozess-Strukturen erarbeitet werden, um im Unterricht am Aufbau von Kompetenzen zu arbeiten (vgl. den Praxisteil zu dieser Hattie-Dimension), wenn also zwangsläufig im Kollegium über Kompetenzen gesprochen wird, holt man sich unweigerlich die – letztlich philosophische – Diskussion über deren Berechtigung und Sinnhaftigkeit ins Haus. Das muss natürlich überhaupt kein Nachteil sein, im Gegenteil – es ist ja durchaus wünschenswert, dass jede Schule, jedes Kollegium ihr Verhältnis zur Kompetenzorientierung als Grundkonzept von schulischer Arbeit klärt. Doch im Sinne der Redlichkeit muss klar sein, dass auch dieser Diskurs Aufwand bedeutet, Orte benötigt, Beziehungen stressen mag und das Handhaben von Meinungsunterschieden und ideologischen Positionen erfordert.

Ob also die Kompetenzorientierung noch emanzipatorisches Potenzial bereithält oder solches wegen des mit ihr verbundenen Verzichts auf „Bildung" womöglich mindert, ob Kompetenzen Ausdruck gesellschaftlich vordefinierten Verwertungsinteresses sind oder ob sie die Schüler in die Lage versetzen, solches Geschehen emanzipatorisch aufzudecken, solche Fragen werden – einmal mehr – auftauchen. Auf diese Diskussion gilt es vorbereitet zu sein (Müller-Ruckwitt 2008).

Sozialforschung ist gar nicht so einfach – Methodische Kompetenzen aufbauen

Hattie ermuntert dazu, das hoffentlich gesteigerte Interesse für die Lernprozesse der Schüler und das ebenso gesteigerte Interesse am eigenen Unterrichtsverhalten dadurch zu verfolgen, dass man die **Lernauswirkungen des Lehrerhandelns auch quantitativ verfolgt.** Die von ihm dazu vorgeschlagene einfache Maßgröße der „Effektstärke" nach Cohen ist vergleichsweise leicht zu berechnen als Quotient aus der Differenz der Mittelwerte und dem Durchschnitt der Standardabweichungen. Solche Rechenverfahren lassen sich vergleichsweise unproblematisch aus selbsthilfeorientierten Lehrbüchern erlernen (etwa bei Holling/Gediga 2010). Mehr Arbeit dürfte es für eine Schulleitung bedeuten, mit dem Kollegium über die Tätigkeit des Messens und deren Voraussetzungen überhaupt erst einmal ins Gespräch zu kommen. Lehrer sind es ja nicht unbedingt gewöhnt, einen **evaluierenden Blick auf ihre eigene Praxis zu werfen,** die Einführungsprobleme bei der schulischen Selbstevaluation haben die diesbezüglichen Vorbehalte einmal mehr in die Wahrnehmung gebracht. Die Projekte zur Idee der Lehrer-Aktionsforschung (Altrichter/Posch 2007) liefern hier zwar viele Hinweise, wie solche selbstreflexive Praxis in Gang gesetzt werden kann, doch auch hier gelten die Restriktionen, die in der Umfrage zu diesem Buch so häufig genannt wurden: Es fehlt an freier Energie.

Diese Überlegungen gelten dann auch für die notwendigen „technischen" Qualifizierungen. Die klassische Tradition der schulischen Leistungsmessung durch Noten oder Punktesysteme basiert messtechnisch ja nicht unbedingt und an jeder Schule auf dem aktuellen Wissenstand (Ingenkamp 2008). Wenn die Praxis an einer Schule jetzt auf Wirksamkeitsuntersuchungen im Sinne der Empfehlungen von Hattie ausgeweitet werden sollte, bedarf das diesbezügliche **Qualifikationsprofil der Kolleginnen und Kollegen** sicher einer intensiveren Sichtung. Hier liegt es wieder nahe, zunächst einige Innovatoren und pilotierende Menschen im Kollegium zu finden, die dann ihr Wissen weitergeben und als „peer coaches" für die anderen fungieren.

Dabei ist die handwerkliche Seite des Messens und Rechnens sicher nicht das Hauptthema, sondern die Konstruktion entsprechender Aufgaben und Tests in den jeweiligen Fächern.

3_ Die Wirksamkeit des eigenen Lehrens messen

Regine Berger

Von allen Methoden, die John Hattie zur Optimierung des Lernzuwachses vorschlägt, war die Messung der Effektstärke zunächst die, die mich am meisten irritierte, die ich von der wissenschaftlichen Seite her am wenigsten verstand, die aber, von der Haltung her gedacht, sehr viel Neugier erzeugte. Schon einige Zeit vor der Veröffentlichung seines 2. Buches hatte ich John Hattie in einem Mailkontakt danach gefragt, was aus seiner Sicht die gerade anstehenden „big points" seien und schon damals benannte er neben dem Feedback den Aspekt „Know thy impact!". Mir erschien dieser Ausdruck sehr theatralisch und ich habe ihn zunächst da verortet, wo er für mich aus Zeiten meiner Arbeit als Lehrerfortbilderin und Lehrerausbilderin stand: im Kontext der Wirkung der Person. Genau das ist aber bei Hattie nicht gemeint, wie bereits im Wissensteil beschrieben.

Der zugrunde liegende Gedanke, dass gemessen wird, was die Lehrkraft als Lernzuwachs beim Schüler erreicht, hat mich nicht mehr losgelassen! Es war ein faszinierender, aber auch irritierender Gedanke, der mich gedanklich in seinen Folgen viel beschäftigte. Als ich kurz darauf an einem Workshop mit John Hattie in London teilnahm, war **Know thy impact** eines von fünf Themen, das bearbeitet wurde. Hätte mir vorher jemand gesagt, dass diese Thematik als eine von 5! an einem Tag in einem zeitlichen Rahmen von 6 Stunden bearbeitet würde, so hätte ich vermutlich den allseits bekannten Satz gesagt: „Das geht nicht!".

Weit gefehlt! Bei diesem Workshop saßen etwa 450 Schulleitungen zusammen, die den Ablauf einer eintägigen Fortbildung ganz offensichtlich gut kannten. Hattie hielt in seiner besonders pragmatischen Art einen Vortrag, der gleichzeitig auf mehreren Videoleinwänden übertragen wurde. Für jeden Vortrag mit Übungsphase standen 90 Minuten zur Verfügung, die auch exakt eingehalten wurden. So auch für den Bereich Lernwirksamkeit messen. In kurzer und eher unterhaltsamer Weise ging Hattie auf das Thema ein und forderte immer wieder auch dazu auf, dass die Teilnehmer selbst an Beispielen arbeiteten, was diese übrigens sehr diszipliniert und interessiert taten. Es gab auch keine Grundsatzdiskussionen, wie man das Thema fand, was man dazu meinte, oder, oder, oder … Das Thema wurde vorgestellt, bearbeitet, Übungen wurden gemacht und besprochen und die Nacharbeit und Umsetzung an der Schule den Teilnehmern überlassen.

In einem Pausengespräch kam ich mit einer Schulleiterin einer großen Londoner Schule in Kontakt und fragte sie, wie sie an der Schule mit der Thematik des Tages „Visible Learning" umgehen würde. Sie konnte das sehr direkt sagen. Sie versteht sich am nächsten Tag immer zunächst als Lehrkraft, probiert das Gehörte im eigenen Unterricht aus, teilt die Erfahrungen dem Kollegium mit, dann gehen diese an die Umsetzung, und letztlich entscheidend ist die Reflexion, die kontinuierlich erfolgt. So läuft das grundsätzlich ab und ist Routine an der Schule.

Gerade dem Thema der Effektstärke wollte sie sich intensiv zuwenden und an der Schule umsetzen, da es die Grundhaltung widerspiegelt, dass beim Lernzuwachs der Schüler angesetzt wird und die Kompetenzen im Vordergrund stehen. Das überzeugt sie und das will sie jetzt auch an ihrer Schule anwenden. Hospitation? Ja, das ist Standard und auch nicht schwierig, denn die Türen sind offen, da schaut man dann einfach mal rein und geht dann auch ins Gespräch. Das klang in meinen Ohren wohltuend klar, einfach, überzeugend und motivierend!

Wirksamkeit messen als pädagogische Intervention

Die eigene Wirksamkeit zu messen ist für Pädagogen im deutschsprachigen Raum nicht selbstverständlich. Das berufliche Selbstverständnis geht eher in die Richtung, dass die Leistung der Schüler gemessen wird. Wenn sie/er den Leistungsanforderungen nicht entspricht, so greifen vielfältige Handlungsmuster, aber es gibt (noch) keine Kultur, die Messung der Wirksamkeit als eine Möglichkeit der Diagnostik in den Methodenkoffer der Lehrkräfte aufzunehmen und routinemäßig zu nutzen.

Wenn Sie das als interessante Intervention ansehen, so hilft Ihnen möglicherweise dieses Kapitel, um mit einer solchen Variante anzufangen. Die bildungspolitischen Entwicklungen der letzten Jahre waren geprägt von der Entwicklung von Bildungsstandards, Kompetenzrastern und einer Vielzahl von Veröffentlichungen zum Thema „Kompetenzorientierter Unterricht". Die Begeisterung der Lehrkräfte für diese Richtung hält sich in Grenzen. Es ist ganz offensichtlich von Seiten der zuständigen Bildungsinstitutionen nicht gelungen, die Basis zu begeistern, Sinn zu stiften und die Umsetzung wirksam zu managen. Bundesweit haben mittlerweile wohl alle Länder zusätzlich zu den nationalen Standards auf der Landesebene länderspezifische Standards entwickelt, aber in der Umsetzung an den Schulen vor Ort ist noch wenig von der – vor mehr als 10 Jahren begonnenen – bildungspolitischen Umsteuerung des Bildungswesens zu spüren.

Hier könnten Sie als Schulleiter mit der Einführung oder Erprobung der Arbeit mit Effektstärken einen Mehrwert deutlich machen: Die Berechnung der Effektstärke setzt die Arbeit mit aufgabenbezogenen Kompetenzen als Grundlage voraus. Die möglicherweise bereits erarbeiteten und damit in den Fächern vorhandenen Kompetenzbeschreibungen können für die Messung des Deltawertes genutzt werden! Damit gibt es auch kein Argument des „Auch das noch", sondern die Verknüpfung dessen, was bereits vorliegt mit dem, was neu ist.

Nur Kompetenzen sind messbar, nicht aber Inhalte! Allein die Erkenntnis, dass für die Messung der eigenen Wirksamkeit die Lehrkräfte in Kompetenzen und nicht in Inhalten denken müssen, ist eine nicht hoch genug zu bewertende Intervention. Oft setzt allein dieser Grundgedanke der operativen Kompetenzarbeit intensive Diskussionen in Gang, die sinnvollerweise in Fachgruppen stattfinden, zumindest als ernst gemeinter Einstieg keinesfalls in der Gesamtkonferenz!

Es ist nach wie vor so, dass es der Lehrkraft aus dem deutschsprachigen Raum extrem schwer fällt, von der Priorität des Inhalts auf die Priorität Kompetenz umzuschalten. Hier ist auch eine Chance, die unterschiedlichen Lernkulturen anzusprechen. Im englischsprachigen Raum ist die Einordnung oder Zuordnung von Schüler auf der Basis eines bestimmten Lernpotentials zu bestimmten Schularten unbekannt. Hattie geht in seinen Veröffentlichungen auch davon aus, dass alle Schüler in einer Klasse sind, dieser Klassenverbund aber nicht statisch ist, sondern ein Schüler von der Kerngruppe aus auch in Gruppierungen gehen kann, die seinem Lernstand besser entsprechen. Auch hierbei spielt das Ermitteln von Deltawerten eine nicht zu unterschätzende Rolle.

Prinzip an Faltbeispielen aufzeigen

Wir zeigen in diesem Kapitel ein Beispiel, das nicht auf ein Fach oder eine Stufe bezogen ist. Das ist auch nicht das Ziel, es geht vielmehr darum, das Prinzip aufzuzeigen! Entscheidend ist, dass die Kollegen, die das Grundprinzip verstanden haben, Lust bekommen, selbst ein Beispiel zu erstellen und mit viel Neugier auszuprobieren. Das Gespräch über die Ergebnisse und die Erfahrungen wird den Schub bringen um mit Elan auch dies Instrument zu nutzen!

Das Beispiel ist für Schulleitungen interessant, die gern mit dem Kollegium etwas ausprobieren. Weg vom Fach, weg von möglichen Versagensängsten, hin zu lustvollem Probieren, gemeinsamen Erfahrungen und dem Messen des Lernzuwachses!

Es geht um die Erstellung von zwei unterschiedlichen Produkten durch Falten. Dabei wird aufgezeigt, wie Teilkompetenzen erfasst, die Effektstärke nach erfolgreichem Bearbeiten der beiden Aufgaben berechnet und – wie im Wissensteil beschrieben – dann auch genutzt werden kann.

Beispiel 1: Piratenschiff falten

Bei sehr handlungsorientierten Beispielen, wie denen des Faltens ist es wichtig, dass Sie als Schulleitung von einer Zugangsweise wie dieser überzeugt sind und dies auch deutlich machen können. Die Kollegen, mit denen Sie über diese Beispiele einen Zugang zu der möglichen Arbeit mit Effektstärken erreichen wollen, müssen Interesse entwickeln können, so vorzugehen, müssen Lust haben, das auszuprobieren und keinesfalls das innere Bild haben: Das ist doch Kinderkram.

Kolleginnen der Primarstufe/Orientierungsstufe stehen solchen Formen meist offen gegenüber, für Kollegien der Sek. I, Sek. II oder beruflichen Schulen bieten sich möglicherweise andere Formen an, die idealerweise von Kollegien selbst bestimmt und erarbeitet werden.

Es geht letztlich darum, fachunabhängig gemeinsam eine eher handwerkliche Erfahrung zu machen, diese zu reflektieren und erst dann auf Fachinhalte zu übertragen.

Nochmal: Es geht darum das Prinzip zu verstehen. Es geht nicht um den Zugang über ein Fach!

Auf los geht's los!

Anweisung zur Erstellung des Piratenschiffs

Was benötigen Sie für das Beispiel „Falten"?

- Einen zeitlichen Rahmen von ca. 1,5 bis 2 Stunden. Idealerweise eine Kooperationszeit, oder einen anderen an der Schule etablierten Arbeitsrahmen, also keine zusätzliche Arbeitszeit.
- Arbeitsmaterial: Ein Blatt Papier im Format DIN A4.

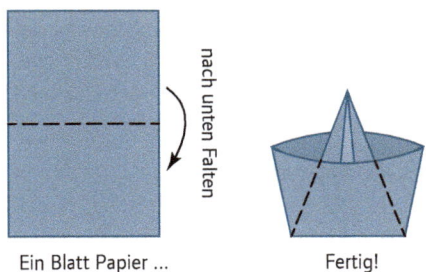

Ein Blatt Papier ...   Fertig!

Abb. 1: Ausgangspunkt und Endpunkt bei der Aufgabe „Piratenschiff falten"

Die Faltanleitung zum Vorlesen

Legen Sie das DIN-A4-Blatt mit der schmalen Seite nach oben vor sich hin. Achten Sie darauf, dass Sie bei jedem Faltvorgang die Linie mit dem Nagel auf der Unterlage nachstreichen.

1. Falten Sie das DIN-A4-Blatt zur Hälfte nach oben zu einem doppellagigen Rechteck. Legen Sie die Öffnung nach unten.
2. Drehen Sie jetzt das Blatt, so dass die längere offene Seite nach rechts zeigt. Falten Sie das Rechteck nochmals von unten nach oben und öffnen es wieder.
3. Drehen Sie nun das Blatt so, dass die längere offene Seite nach unten zeigt. Falten Sie die rechte und linke äußere Ecke von oben aus entlang der Mittellinie. Klappen Sie die überstehende untere Seite nach oben auf die gefalteten Dreiecke.
4. Wenden Sie das Blatt und führen Sie diesen Schritt auch auf der Rückseite durch.
5. Klappen Sie die vorne überstehenden Ecken hinter das innen liegende Dreieck. Die hinteren überstehenden Ecken werden nach vorne gefalzt. So entsteht ein großes Dreieck.
6. Nehmen Sie das Dreieck an den beiden unteren Ecken und öffnen Sie es, sodass ein Hut entsteht. Bringen Sie die beiden Ecken, die Sie in den Händen halten, nach innen zusammen. Es entsteht ein Quadrat.

7. Lege Sie das Quadrat mit den offenen Spitzen nach oben. Klappen Sie die vordere Spitze nach unten. Drehen Sie die Faltarbeit um und führen Sie den Faltschritt auch auf der Rückseite durch.

8. Nehmen Sie das Dreieck an den beiden Spitzen auf der Längsseite und öffnen Sie es von unten. Klappen Sie die beiden Spitzen nach innen, sodass ein Quadrat entsteht. Legen Sie es vor sich hin, sodass die offene Seite nach unten zeigt. Jetzt ziehen Sie die oberen Spitzen vorsichtig auseinander. Es entsteht das Piratenschiff.

Nun schätzen sich die Kollegen selbst ein. Wie Sie erkennen können, sind die Kompetenzen für die Bewältigung der Aufgabe differenziert aufgelistet. Die Selbsteinschätzung ist ein in der Regel akzeptierter Weg, der ohne Widerstände angenommen wird, da es nicht um Bewertung geht. Die maximal erreichbare Punktzahl in der 3. Spalte lässt deutlich erkennen, dass je nach Anforderung mehr oder weniger Punkte für die Umsetzung von Einzelkompetenzen vergeben werden.

Die nachfolgende Tabelle kann dazu genutzt werden:

Aufgabe: Piratenschiff falten

Kompetenzen (beispielhaft) bei den Teilaufgaben 1 – 8	Selbsteinschätzung: Wie viel Punkte geben Sie sich unter Berücksichtigung der aufgeführten Kompetenzen für die Bewältigung der Aufgabe?	Punkte max.
1. Horizontal falten		6
Vorstellung Raum-Lage-Beziehung des Endprodukts (aus größerem Rechteck ein kleineres Rechteck falten)		
präzise Ecken auf Ecken legen		
präzise den Falz ausstreichen		
Blatt drehen mit Öffnung nach unten		
2. Drehen und horizontal falten		6
Drehung und Vorstellung Raum-Lage-Beziehung		
präzise Ecken auf Ecken legen		
präzise den Falz ausstreichen		
Blatt wieder öffnen		
3. Drehen und Ecken zur Mitte falten		6
Drehung und Vorstellung Raum-Lage-Beziehung		
präzise Ecken nach innen falten		

präzise den Falz ausstreichen	
untere Seite nach oben klappen	
4. Wenden und Ecken zur Mitte falten	6
Drehung und Vorstellung Raum-Lage-Beziehung	
präzise Ecken nach innen falten	
untere Seite nach oben klappen	
präzise den Falz ausstreichen	
5. Überstehende Ecken einklappen	6
vorne überstehende Ecken hinter das Dreieck klappen	
präzise hinten überstehende Ecken nach vorne über das Dreieck falten	
präzise den Falz ausstreichen	
6. Öffnen und ein Quadrat ziehen	6
Dreieck an Ecken auf der Längsseite halten und auf der langen Seite öffnen	
Hut in Quadrat falten	
präzise den Falz ausstreichen	
räumliches Vorstellungsvermögen	
7. Untere Hälfte nach oben falten	6
offene Spitzen nach oben legen	
präzise vordere Spitze nach unten falten	
Wenden – Räumliches Vorstellungsvermögen	
präzise auf der Rückseite Spitze nach unten falten	
präzise den Falz ausstreichen	
8. Quadrat falten und zu einem Boot auseinanderziehen	8
Dreieck auf der Längsseite öffnen	
zu einem Quadrat zusammenfalten	
Die beiden Spitzen in gegensätzlicher Richtungen bewegen und Schiff entfalten.	
ggf. nachfalzen	
Gesamt	50

Tab. 1: Selbsteinschätzungsbogen zur Aufgabe „Piratenschiff falten"

Die Punkte, die sich die einzelnen Kollegen gegeben oder in Teams festgelegt haben, werden in eine Excel Tabelle eingetragen (vgl. Abb. 4).

____ Beispiel 2: Himmel und Hölle falten und die jeweilige Fläche (Himmel bzw. Hölle) durch Farben kennzeichnen

Diese neue Aufgabe erfordert ganz ähnliche Kompetenzen wie bei der Aufgabe „Piratenschiff falten" und bietet sich damit zur Messung des Lernfortschritts ideal an. Zudem sind einige zusätzliche Schwierigkeiten wie etwa das farbige Markieren einer bestimmten Fläche eingebaut.

____ Was benötigen Sie für das Beispiel „Falten"?

- Quadratisches Papier zum Falten in 3 Größen (z. B. Origamipapier)
- Faltanleitung zum Vorlesen
- Arbeitsblatt „Selbsteinschätzung zur Aufgabenstellung Himmel und Hölle"

____ Faltanweisung zum Vorlesen

1. Horizontal und vertikal falten und wieder entfalten.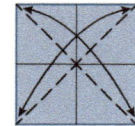

2. Diagonal falten und wieder entfalten.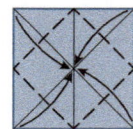

3. Alle vier Ecken zur Mitte falten.

4. Das Quadrat wenden.

5. Noch einmal alle vier Ecken zur Mitte falten.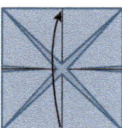

6. Die untere Hälfte nach oben falten.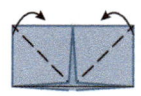

7. Von unten mit den Fingern in die vier Taschen greifen und das Modell dabei dreidimensional ausformen. Die beiden verschiedenen Teile zeigen sich in 2 unterschiedlichen Farben!

Abb. 1: Arbeitsblatt zum Falten von Himmel und Hölle

___ Das Arbeitsblatt:
„Selbsteinschätzung zur Aufgabenstellung Himmel und Hölle"

Kompetenzen (beispielhaft) bei den Teilaufgaben 1–8	Selbsteinschätzung: Wie viel Punkte geben Sie sich unter Berücksichtigung der aufgeführten Kompetenzen für die Bewältigung der Aufgabe?	Punkte max.
1. Horizontal falten		6
Vorstellung Raum-Lage-Beziehung des Endprodukt (aus Quadrat ein Rechteck vertikal falten)		
präzise Ecken auf Ecken legen		
präzise falten		
präzise den Falz ausstreichen		
entfalten		
2. Vertikal falten		6
Vorstellung Raum-Lage-Beziehung des Endprodukt (aus Quadrat ein Rechteck vertikal falten)		
Präzise Ecken auf Ecken legen		
präzise falten		
Präzise den Falz ausstreichen		
entfalten		
3. Alle Ecken zur Mitte falten		6
Vorstellung Raum-Lage-Beziehung des Endprodukt (aus Quadrat ein kleineres Quadrat falten)		
präzise Ecken auf Ecken legen		
präzise falten		
präzise den Falz ausstreichen		
4. Quadrat wenden		2
Räumliches Vorstellungsvermögen: Rotation des Körpers		
5. Unterschiedlich farbige Punkte auf den Himmel- und Höllenflächen markieren		12

äußere Dreiecke auf dem Quadrat identifizieren		
Rotation des ganzen Körpers vorstellen		
Raum-Lage-Beziehung der gegenüberliegenden Dreiecke verstehen		
6. Noch einmal: Alle vier Ecken zur Mitte falten		6
präzise Ecken auf Ecken legen		
präzise falten		
präzise den Falz ausstreichen		
7. Untere Hälfte nach oben falten		6
präzise Ecken auf Ecken legen		
präzise falten		
präzise den Falz ausstreichen		
8. Von unten mit den Fingern in die vier Taschen greifen		6
in die vier Taschen greifen		
Modell in Himmel und Hölle auffalten		
in die beiden unterschiedlichen Richtungen bewegen		
gesamt		50

Tab. 2: Arbeitsblatt zur Selbsteinschätzung „Himmel und Hölle falten"

_____ Den eigenen Lernzuwachs messen

Nach dem Falten wird der Selbsteinschätzungsbogen ausgefüllt und die Ergebnisse werden in die beigefügte Excel-Tabelle eingetragen.

	A	B	C	D
1	Personen	Meßzeitpunkt 1 Piratenschiff	Meßzeitpunkt 2 Himmel und Hölle	Effektstärke
2	Person 1	45	48	0,37
3	Person 2	40	42	0,25
4	Person 3	20	40	2,46
5	Person 4	45	45	0,00
6	Person 5	30	34	0,49
7	Person 6	22	38	1,97

Tab. 3: Auszug aus der Excel Tabelle zur Messung der Effektstärke

Diese Tabelle errechnet die Effektstärke und entlastet so die Lehrkräfte. Sie können sich ganz auf das Ergebnis konzentrieren und die daraus notwendigen Handlungsschritte ableiten.

Gemeinsam sollte nun in Gruppen an Tischen über folgende Fragestellungen reflektiert werden. Sofern keine Ergebnisse vorliegen, kann auch auf die im Kapitel 1 hinterlegte Tabelle (s. S. 50) „AB_Berechnung_Effektstärke_Klassenarbeiten.xlsx" zur Berechnung der Effektstärke aus Ergebnissen zweier Klassenarbeiten als Diskussionsgrundlage verwendet werden:

a) Was ist der Durchschnitt der Gesamtgruppe und was sagt er über die erzielten Ergebnisse in der Tischgruppe bzw. in der Gesamtgruppe aus?

b) Welche Effektstärke wurde bezogen auf die Gesamtgruppe erzielt?

c) Wie hat sich der Lernzuwachs bei den einzelnen Personen entwickelt? Wie sieht dieser im Vergleich zur Entwicklung aus, wenn die Mittelwerte zugrunde gelegt werden?

d) Welche Schlüsse in Bezug auf das Unterrichtshandeln könnte eine Pädagogin / ein Pädagoge für die einzelnen Personen ziehen?

e) (…)

Der Vorteil des Ausprobierens mit einem fachübergreifenden Thema liegt ganz klar darin, dass das Fach und der Inhalt – die gewohnten Domänen des Pädagogen – nicht tangiert sind. So wird der Fokus auf die Kompetenzen und die Messung des Lernzuwachses gelegt. Wer sich dieser Übung gestellt hat, sie real durchführt und die Erfahrungen mit Gleichgesinnten reflektiert, wird ein Verständnis dafür entwickelt haben, was Hattie mit der Messung des Lernfortschritts meint, welche Bedeutung die Kompetenzbeschreibungen haben und welche Erkenntnisse, aber auch Handlungsschritte aus den Ergebnissen gewonnen werden können.

Beispiele für Fächer erarbeiten

Es ist unbedingt zu empfehlen zunächst eine handwerkliche Erfahrung zu machen und dann mit den Kollegen zusammen Aufgaben im Fach zu erarbeiten, die sich für die Messung des Lernfortschritts einsetzen lassen.

Bei der Innovation „Mit Effektstärken arbeiten" muss auch deutlich werden, dass Pragmatismus geboten ist. Nicht alle Kollegen müssen Beispiele erarbeiten, aber wenn in 3 bis 4 Fächern Beispiele vorliegen, Erfahrungen gemacht und präsentiert werden, so entsteht eine Eigendynamik, Diskussionen finden statt, Abgrenzungen werden deutlich, Kritik kann offen ausgedrückt werden. Und langsam entwickelt sich ein Verständnis dafür, was das Messen des Lernfortschritts leisten kann und was auch nicht.

An der Schule erarbeitete Beispiele können nicht nur individuell mit einzelnen Schülern oder der gesamten Klasse besprochen, sondern auch den Eltern vorgestellt werden. Das erhöht sowohl das Verständnis als auch die Motivation und wirkt sich positiv auf die gemeinsame Arbeit aus.

Der Erkenntnisgewinn für die Umsetzung im Fach muss deutlich werden. Die erworbenen Kompetenzen werden an einer anderen Aufgabe, einem anderen Inhalt eingesetzt, und erst so ist der Lernzuwachs messbar! Es geht also nicht um den Inhalt, sondern um die Kompetenz! Die Übertragung dieses Vorgehens auf die Fachinhalte ist dann die professionelle Alltagsarbeit von Lehrkräften, die trotz oder gerade wegen der inhaltlichen Schwerpunktsetzung zu Beginn dieser Fokussierung vielen extrem schwer fällt.

Die Herausforderung für die Schulleitung besteht darin, die Messung der Wirksamkeit als interessantes Thema in das Kollegium zu bringen. Wieder geht es um Motivation, Lust auf eine neue Erfahrungen und das Kerngeschäft von Schule: Den Lernzuwachs von Schülerinnen und Schülern.

Arbeiten mit Effektstärken ist ein eher fremder, aber deshalb nicht minder interessanter Zugang zur Feststellung des Lernzuwachses von Schülern. Hier geht es auch nicht darum, Klassenarbeiten und andere (gewohnte) Leistungsmessungen zu eliminieren, sondern es geht um eine wirksame Ergänzung, die vor allem die Sicht auf das Lernen des einzelnen Schülers deutlich erhöht.

Wenn Sie sich also als Schulleiter an das Thema heranwagen, so wird Ihre eigene Neugier, Ihr Interesse, das sie wie vorgeschlagen oder auch anders deutlich machen können, die Wirkung ausmachen, die letztlich zum Erfolg führt und die Unterrichtsentwicklung an Ihrer Schule vorwärts bringt. Der Einstieg über das Falten kommt auch bei Schülern und Eltern sehr gut an!

Lernen sichtbar machen

1 Lernen sichtbar machen – Wissenswertes

Dietlinde Granzer

Es gelingt im Schulalltag eher selten, Schülern direkt beim Lernen zuzuschauen und zu beobachten, wann sie etwas verstanden haben, welche Klippen sie dabei überwinden mussten, ob eine bestimmte Übungseinheit beim Aufbau von Handlungsskripten hilfreich war. In der Regel erfahren wir mehr darüber, wenn die Lernphase abgeschlossen ist, beim Erheben des Leistungsstandes, bei Klassenarbeiten, Tests usw.

Ganz anders ist es dagegen bei kleinen Kindern: Bei ihnen können wir – ob als Eltern oder Pädagogen – beobachten, wie das Kind lernt: Wir sehen beispielsweise bei einem Säugling, dass er sich ungelenk vom Rücken über die Schulter auf den Bauch dreht und diese Drehbewegung solang wiederholt, bis er sie beherrscht oder dass er mit dem Löffel zum Mund geht, anfangs vorbeizielt, aber dann präziser in der Bewegung wird, dass er sich aufsetzt, an etwas aufrichtet, erste unsichere Schritte unternimmt, fällt, sich wieder aufrichtet und bald darauf ohne Unterstützung frei durch den Raum tapst. Auch bei Kindern im Kindergarten können wir den Lernprozess noch mitverfolgen, dann aber scheint das Lernen in den Köpfen der Lernenden zu verschwinden und wir sind deshalb auf Methoden angewiesen, dieses wieder „sichtbar" und „hörbar" zu machen oder es freizulegen – fast so, als betreibe man eine Archäologie des Lernens, bei der Schicht um Schicht abgetragen werden muss, um der „ursprünglichen" Gestalt, dem ursprünglichen Text, dem Palimpsest auf die Spur zu kommen.

In der Schule werden traditionell Formen der Darstellung von Lernergebnissen allerdings vorwiegend im ästhetischen oder sportlichen Bereich gepflegt: In der Theater- oder Musikaufführung präsentieren die Schüler das „Gelernte" einem Publikum, im Sportfest zeigen alle ihre Fähigkeiten in unterschiedlichen körperlichen Disziplinen. Auch Debattierklubs sind solche schulischen Veranstaltungen, bei denen Schüler ihre erworbenen argumentativen Fähigkeiten unter Beweis stellen. Alle diese organisierten Veranstaltungen zeigen das Endprodukt, das Gelernte, das pädagogisch Interessante, aber der Lernprozess, der Weg dorthin mit all seinen Wendungen, Verwicklungen und den notwendigen Lernschleifen, Aufstiegen und Rückschritten verbleibt in der Black Box.

Für Hattie aber ist dieses Sichtbarmachen des Lernens im Unterricht das zentrale Element seines Ansatzes, der Motor im Lehr-Lern-Prozess, an dessen Umsetzung die Lernenden und die Lehrkraft im Unterricht gleichermaßen beteiligt sind.

Der Ansatz Visible Learning umfasst verschiedene pädagogische Verfahren und zielt auf den Erwerb einer bestimmten Haltung sowohl bei der Lehrkraft als auch bei den

Schülern ab. Initiator ist die Lehrkraft, denn es liegt in ihrer Verantwortung, Lernprozesse sichtbar zu machen und Schüler darin zu stärken, ihr Lernen transparent zu machen, mit der Zielsetzung, dieses für die Lernenden verfügbar werden zu lassen. Einige dieser Eckpunkte sollen im Folgenden ausführlicher erläutert werden. Die Lehrkraft…

… setzt Ziele und macht Anforderungen und Erfolgskriterien transparent und unterstützt Schüler dabei, sich selbst Ziele zu setzen,

… versucht auf unterschiedliche Art und Weise herauszufinden, wo sich die Lernenden im Lernprozess befinden (formative Evaluation) und gibt ihnen ein adäquates Feedback,

… bietet den Schülern vielfältige Gelegenheiten zur Selbsteinschätzung, stärkt Lernende in ihrer Selbsteinschätzung, korrigiert diese aber auch bei Bedarf,

… aktiviert und vermittelt beim Lernenden Strategien und Meta-Strategien und unterstützt ihn dabei, dass er sie „bewusst" einsetzt.

Ziele und Anforderungen transparent machen – zielorientiert unterrichten

Ziele haben eine Geländerfunktion, sie zeigen explizit die Richtung an, in die das Lernen geht und geben den am Lernen Beteiligten, d.h. den Schülern aber auch Lehrkräften, eine innere und äußere Orientierung. Aus Sicht von Hattie (2014, S. 52) lässt sich das zielgerichtete Lernen durch zwei Aspekte charakterisieren:

1. Klarheit in Bezug darauf, was in der Unterrichtsstunde oder Einheit gelernt werden soll und
2. Kenntnis der Erfolgskriterien, die eine Aussage darüber machen, ob und in welchem Maße die Lernziele erreicht wurden.

Lehrkräfte wissen also, wohin sie in der Unterrichtsstunde wollen und machen dies unter Benennung der Erfolgskriterien gegenüber den Schülern transparent, sodass diese erkennen können, ob und auf welchem Niveau sie die Zielsetzungen erreicht haben.

Zielsetzungen beeinflussen das Handeln von Personen

Im Lehr-Lernprozess treffen mehrere Zielperspektiven aufeinander. Um nur einige zu nennen:

- Zielsetzung der Lehrkraft bezogen auf das Lernen der Schüler und wie das Outcome konkret aussieht,
- Zielsetzung der Lehrkraft bezogen auf ihr professionelles unterrichtliches Handeln,
- Zielsetzung der Schüler bezogen auf ihren eigenen Lernprozess im Unterricht,
- Zielsetzung der Schüler in Bezug auf ihre eigenen Ziele.

Wenn Schüler sich selbst Ziele setzen, beeinflusst dies ihr Lernverhalten auf unterschiedliche Weise (Morisano/Locke 2013). Lerner, die zielorientiert arbeiten, können beispielsweise ihre Aufmerksamkeit besser auf die zur Erreichung des Zieles notwendigen Aktivitäten fokussieren und lassen sich daher weniger ablenken. Sind Ziele für Lernende herausfordernd, steigt ihre Anstrengungsbereitschaft mit der Aufgabenschwierigkeit. Schließlich erhöht die Zielsetzung das Durchhaltevermögen, weil Menschen so lange dran bleiben, bis das Ziel erreicht ist. Sich eigene Ziele vorzunehmen, führt zudem dazu, dass aufgabenrelevantes Wissen und aufgabenbezogene Fähigkeiten erworben werden. Schließlich führen Ziele dazu, dass eine Dissonanz zwischen dem aktuellen und dem erwünschten Zustand erzeugt wird und den Lernenden motivieren, diese Dissonanz zu minimieren.

Lehrkräfte können auf unterschiedliche Weise auf die Zielsetzungen der Schüler Bezug nehmen. Sie können Schüler dazu ermutigen, sich auf eigene Ziele zu fokussieren und darauf, bei jedem Übungsdurchgang besser zu werden. Zudem können sie den Schülern vermitteln, **Pläne mit Zielen** zu **erstellen**, die für diese erreichbar sind, die klar und inhaltspezifisch, **auf Selbstverbesserung basieren und zugleich herausfordernd sind** (Martin 2006).

Die Zielorientierung im Lehr-Lern-Prozess sichtbar zu machen, erreicht die Lehrkraft dadurch, dass sie zu mehreren Zeitpunkten im Lehr-Lern-Prozess auf die Ziele Bezug nimmt, sei es wie oben erwähnt am Anfang der Unterrichtsstunde bzw. der Bildungseinheit, sei es während der Übungsphase, bei denen auf Teilziele bei der Bearbeitung der Aufgaben hingewiesen und dazu ein Feedback gegeben wird, sei es am Ende der Stunde, wo die Lehrkraft rückblickend die Erreichung der Ziele anspricht. Wichtig ist dabei auch offenzulegen, welche Denkprozesse während des Lernens angeregt wurden. Geht es vorwiegend darum, sich Wissen anzueignen und ein **Oberflächenverständnis** aufzubauen, oder geht es wie beim **Tiefenverständnis** darum, Bezüge herzustellen, einen Gegenstand von unterschiedlichen Perspektiven zu beleuchten oder soll eher ein **Konzeptverständnis** angebahnt werden, indem etwa die Relevanz einer zentralen Textaussage für das eigene Leben herausgearbeitet wird. Indem Lernende verstehen, dass beim Lernen unterschiedliche kognitive Werkzeuge zum Einsatz kommen können und dies immer wieder von der Lehrkraft artikuliert wird, können sie sich dieses Wissen im Laufe ihrer Schulzeit selbst verfügbar machen.

Formative Evaluation

In Hatties Metastudie (2009/2012) gehört die „Formative Evaluation" mit einem d-Wert von 0.72 zu den Top-Ten. Mittels der formativen Evaluation und basierend auf ihrem Expertenwissen zum Lernen kann die Lehrkraft Lernprozesse entschlüsseln (Black/Wiliam 1998a). Je bewusster die formative Evaluation eingesetzt wird, umso mehr kann die Lehrkraft das kognitive Lernen beeinflussen. Was ist mit dieser Bezeichnung gemeint?

Im angelsächsischen Raum wird üblicher Weise unterschieden zwischen summati-
ver und formativer Evaluation. Ersteres meint die Erhebung des Leistungsstandes, die
nach einem klar definierten Zeitabschnitt (etwa abschlussbezogen) oder nach Beendigung
einer Bildungseinheit durchgeführt werden und einen Erkenntnisbeitrag dazu leisten,
welcher Lernzuwachs erzielt wurde. Solche Informationen werden z. B. im Rahmen der
Erhebung der Bildungsstandards durch das IQB oder durch nationale und internationale
Studien und Tests bereitgestellt, aber auch Klassenarbeiten können geeignet sein, um zu
dem entsprechenden Wissen zu kommen. In diesem Kontext ist mit dem Begriff in der
Regel immer irgendeine Form eines Tests verbunden.

Bei der formativen Evaluation verhält es sich anders, auch wenn der Begriff sug-
geriert, dass es sich auch hier um Testung handeln könnte. Diese Form wird im Lehr-Lern-
Prozess durchgeführt und schließt alle Informationen ein, die Rückschlüsse auf den
Lernprozess des einzelnen Schülers ermöglichen und für ein Feedback, für die Anpassung des Lehrprozesses oder die Änderung des Lernprozesses genutzt werden können
(vgl. Karpinski/D'Agostino 2013).

Beispiel:

- Eine Lehrkraft stellt eine Übungsaufgabe und sie beobachtet, dass ein Kind immer
  wieder beim Nachbarn nachschaut. Der Eindruck verdichtet sich durch weitere Beobachtung, dass das Kind die Aufgabenstellung noch nicht verstanden hat. Sie geht
  hin und erklärt in wenigen Worten, was zu tun ist.
- In der Gruppenarbeit soll gemeinsam ein Text bearbeitet werden. Die Schüler sind
  schnell mit der Aufgabe fertig und fangen an, über anderes zu sprechen. Die Lehrkraft geht zu der Gruppe, klärt, an welcher Stelle sie im Lernprozess stehen. Die
  Gruppe hat erfolgreich gearbeitet und die Lehrkraft gibt ihnen eine zusätzliche, weiterführende Denkaufgabe.
- Eine Schülerin beginnt die Bearbeitung von Aufgaben sehr engagiert, bei der
  kleinsten Herausforderung flachen ihr Interesse und ihre Einsatzbereitschaft spürbar ab. Dieses Mal hält die Lehrkraft einen Aufgabenleitfaden bereit, dem die Schülerin entnehmen kann, welche Teilschritte sie bereits absolviert hat und welche sie
  noch vor sich hat.
- Eine Klassenarbeit zeigt, dass der Schüler alle Aufgaben bearbeitet, aber nur einen
  Teil richtig gelöst hat. Dem ersten Eindruck nach handelt es sich aber um Flüchtig-
  keitsfehler. Die Lehrkraft gibt ein formatives Feedback und zeigt, an welcher Stelle
  der Fehler aufgetaucht ist. Von dieser Stelle aus soll die Aufgabe weiter bearbeitet
  werden.

Damit die Intervention auf der Basis der begleitenden Beobachtung und Auswertung wirkungsvoll ist, müssen vor Beginn des Unterrichts die Ziele und zu erreichenden
Kompetenzen bekannt sein und optimaler Weise den Schülern vor Beginn des Unterrichts
transparent gemacht worden sein (S. o.). Wenn nach Erarbeitung eines Inhalts in der
Übungsphase mehrschrittige Aufgaben präsentiert werden, bei denen das Erlernte ange-

wendet und eingeübt werden soll, ist es sinnvoll, „bekannt" zu machen, worauf die Übungsaufgaben abzielen und gegebenenfalls wo Hürden zu erwarten sind. Bei der formativen Evaluation würde also eine Lehrkraft auf diese Aspekte fokussieren und dem Lernenden eine weiterführende Rückmeldung geben, damit dieser die Ziele erreichen kann.

Je nach Aufgabenstellung kann die Lehrkraft mehr oder weniger vom Lernprozess wahrnehmen. Komplexere Aufgaben, die unterschiedliche kognitive Ebenen ansprechen, bieten mehr Beobachtungsmöglichkeiten als Aufgaben, die ausschließlich der Einübung von Grundfertigkeiten dienen und bei denen es nur eine richtige Lösung gibt.

____ Selbsteinschätzung der Lernenden

Hattie hat 2014 im Rahmen einer Veranstaltung in London betont, dass man auf externe Evaluation und komplizierte Datenerhebung und -auswertung verzichten könnte, wenn man konsequent auf die Selbsteinschätzung der Lernenden in Bezug auf den zu erlernenden Inhalt und die dafür notwendigen Kompetenzen setzen würde. In Hatties Metastudie (2009) weist dieser Aspekt einen Deltawert von d = 1,44 auf und ist mit Blick auf die Lernwirksamkeit die Nummer 1 unter 138 Lernfaktoren. Lernende können also nicht nur sehr gut einschätzen, was sie können, sie sind darüber hinaus auch in der Lage, einzuschätzen, was sie sich noch aneignen müssen, um eine bestimmte Zielsetzung zu erreichen. Um Letzteres präzise benennen zu können, benötigen sie allerdings auch die Anforderungen, Kompetenzen und Teilkompetenzen, die für die erfolgreiche Bearbeitung eines Lerngegenstands erforderlich sind.

Genutzt werden können für die Aktivierung der Selbsteinschätzung Checklisten über Kompetenzen, die im Rahmen eines Schuljahres oder einer Lerneinheit erworben werden. Ein Beispiel: Kinder im Anfangsunterricht lernen die Buchstaben zu schreiben. Im Rahmen von Lerngesprächen schätzen sie sich zu drei unterschiedlichen Zeitpunkten dahingehend selbst ein, ob sie „alle" Buchstaben schon können und machen dies über unterschiedliche Farben kenntlich (vgl. Conrady/Sengelhoff 2011). Die Lehrkraft liest aus dem Sprachturm die jeweilige Anforderung vor, das Kind schätzt sich ein, und im Gespräch wird geklärt, in welchem Ausmaß die Anforderung bereits erfüllt ist. Sind am Ende des Schreiblehrgangs die Balkenabschnitte zu den unterschiedlichen Aspekten und Kompetenzen grün eingefärbt, hat das Kind diesen erfolgreich absolviert und kann zugleich den eigenen Lernfortschritt erkennen: Zu Beginn des Lehrgangs kannte es vielleicht nur einige Buchstaben, am Ende kann es alle Buchstaben in Groß- und Kleinschrift richtig im Heft schreiben.

Auf die Bedeutung von Kompetenzen wurde bereits mehrfach hingewiesen. Die für einen Lernprozess relevanten Kompetenzen und Standards muss die Lehrkraft kennen und transparent machen, damit Schüler sich einschätzen können. Dies sei noch einmal an dem aus Kapitel II bekannten Beispiel erläutert (vgl. Tabelle 1). In der Sekundarstufe II wird eine Kurzgeschichte behandelt, die mit Hilfe eines Kommunikationsmodells analysiert werden soll. Folgender Standard ist vorgegeben: Vier Ebenen einer Nachricht unterscheiden und formulieren. Ziel des Lehr-Lernprozesses muss es sein, dass die Schüler das Modell so reflektiert und verstanden haben, dass sie es auf eine konkrete Handlungssituation, in diesem Fall eine Kurzgeschichte, in der eine Beziehungskrise beschrieben wird, anwenden können. Dazu gehört z. B. auch, dass sie das Kommunikationsmodell mit eigenen Worten erklären und den Grad der Beziehungsstörung mittels der kommunikationsmodellgestützten Analyse bestimmen können. Der Standard wird aus der Perspektive der Lehrkraft präzisiert. Dann kann der Lernende einschätzen, ob er nach dem Durchlaufen der Bildungseinheit die Ziele vollumfänglich erreicht hat.

Übergeordneter Standard: Anwendung des Kommunikationsmodells von Schulz von Thun	Was will ich als Lehrkraft erreichen?	Was sage ich als Lernende/r?
Vier Ebenen einer Nachricht unterscheiden und formulieren.	Lernende unterscheiden die vier Ebenen einer Nachricht und können diese formulieren.	Ich kann zu dem Gesagten die vier Ebenen der Botschaft nennen.
Die Problematik der Beziehung anhand der Kommunikationsanalyse erläutern.	Lernende erkennen, dass das Paar überwiegend auf der Ebene der Beziehung und der Selbstkundgabe kommuniziert. Sie können dies mit eigenen Worten beschreiben und an mindestens vier Beispielen in der Kurzgeschichte aufzeigen.	Ich erkenne, dass die Unterhaltung des Paares nicht über den Film und ihre Reaktion geführt wird, sondern dass beide Aussagen über ihre Beziehung und ihr Empfinden machen. Ich erkenne, dass das Paar eine Beziehungskrise hat und kann dies an vier Beispielen aufzeigen.

Tab. 1: Kurzgeschichte: Vom Standard über Lehrer- zur Schülerperspektive (vgl. Bischoff 2012)

Strategien und Metastrategien

Aus unterschiedlichen Studien weiß man, dass der Einsatz von Strategien und Metastrategien das kognitive Lernen beschleunigen und die Lernleistung deutlich erhöhen können. In der Metastudie von Hattie (2014) wird ihnen ein Wert von d = 0,69 zugewiesen. Wenn im Rahmen des Unterrichts z. B. ein Plan erstellt wird, in welchen Schritten eine Aufgabe bearbeitet werden soll und sich die Schüler immer wieder daran orientieren; wenn Schüler/innen systematisch angehalten werden, sich Hilfe zu suchen, wenn sie nicht mehr weiterkommen, dann kommen Strategien zum Einsatz. Im ersten Fall handelt es sich um eine Metastrategie, die es dem Lernenden erlaubt, seinen eigenen Lernprozess zu reflektieren und zu überwachen. Im anderen Fall handelt es sich um eine Strategie, die direkt beim Lernen angewandt wird und mittels der die Lernenden besser lernen.

In der Wissenschaft werden unterschiedliche Modelle der Klassifikation von Strategien und Metastrategien diskutiert. Im Folgenden soll kurz auf den Ansatz von Friedrich/ Mandl (1992) eingegangen werden. Diese unterscheiden bei kognitiven Strategien

- Elaborationsstrategien,
- Organisationsstrategien,
- Wissensnutzungsstrategien und
- Selbstkontroll- und Selbstregulationsstrategien.

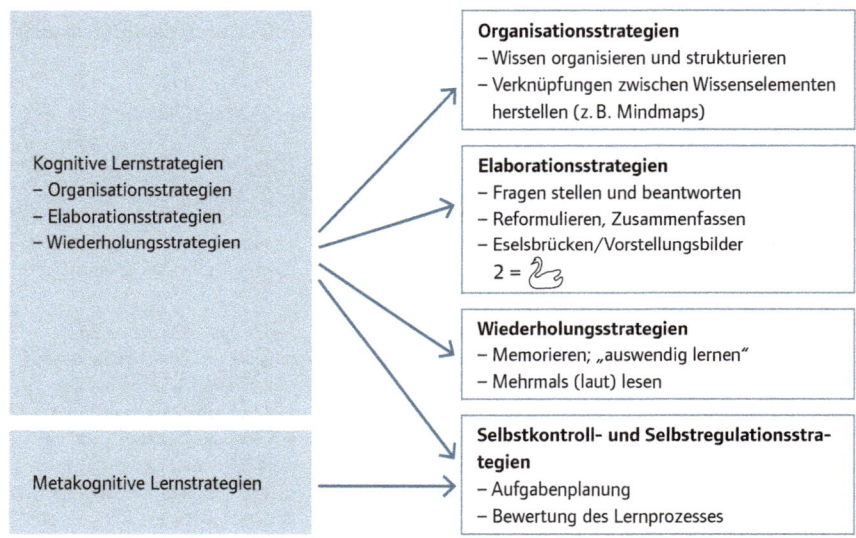

Abb. 1: Lernstrategien und Metakognitive Strategien in Anlehnung an Friedrich/Mandl (1992)

Die Elaborationsstrategien tragen zum Verstehen und zum dauerhaften Behalten neuer Informationen bei. Dazu gehören Strategien wie Vorwissen aktivieren, Fragestellen, Notizenmachen, Vorstellungsbilder erstellen, aber auch Mnemotechniken und Wiederholungsstrategien. Einige dieser Strategien, wie Fragestellen, Notizenmachen, Vorstellungsbilder generieren, fokussieren eher auf das Verstehen. Ihre Anwendung fördert eher das Tiefenverstehen. Die Mnemotechniken und Wiederholungsstrategien fokussieren dagegen stärker auf Oberflächenverstehen. Die Stärke der Elaborationsstrategien besteht darin, dass neue Informationen in vorhandene Wissensstrukturen integriert werden und damit leichter abrufbar sind.

Die Organisationsstrategien fokussieren darauf, neues Wissen zu organisieren und strukturieren, indem Verknüpfungen zwischen den Wissenselementen hergestellt werden. Zugleich dienen sie auch dazu, Komplexität zu reduzieren. Hierzu zählen etwa das Zusammenfassen von Texten, die Nutzung von Wissensschemata (z. B. Problemlöseschemata,

Fallbearbeitungsschemata) und Strategien zur externen Visualisierung (z. B. Mind maps). Auch diese Strategien tragen zum Verstehen bei, sie sind aber gleichzeitig auch Abrufhilfen, die eine **Rekonstruktion von Wissen** ermöglicht.

Die **Wissensnutzungsstrategien zielen auf Anwendung und Transfer von Wissen** und helfen dabei, träges Wissen zu vermeiden. Sie werden aktiviert durch Situationen wie Lösen von Problemen, Schreiben von Texten und Argumentieren/Diskutieren im sozialen Kontext. In diesen Situationen muss Wissen aus dem Langzeitgedächtnis abgerufen, seine Anwendbarkeit auf die spezifische Situation geprüft und ggf. angepasst werden.

Die **Selbstkontroll- und Selbstregulationsstrategien** tragen zur situations- und aufgabenangemessenen **Steuerung des Lernprozesses** bei. Sie gehören zu den metakognitiven Strategien, da sie z. B. den Einsatz von Strategien überwachen. Aufgabenplanung, die Überwachung des Lernprozesses, ihre Bewertung und die Regulation sind zentrale Elemente. Metakognitive Prozesse finden häufig Anwendung bei nicht trivialen Transfer- und Wissensanwendungen und unterstützen das Tiefen- und Konzeptverstehen.

Damit Lernen sowohl für Schüler als auch Lehrkräfte sichtbar gemacht werden kann, werden nach diesem Modell unterschiedliche Methoden genutzt, die es ermöglichen, während des Lehr- und Lernprozesses Informationen bereitzustellen, eine **passgenaue Intervention** auf der Basis der formativen Evaluation vorzunehmen, während des Unterrichts auf Ziele zu fokussieren und diese bei den Schülern präsent zu halten und Schülern bewusster ihre kognitiven Werkzeuge einsetzen zu lassen.

2 Wie gut passt „sichtbares Lernen" zu unserer Schule? – Von Konzeptriesen und Umsetzungszwergen

Wolfgang Looss

Kein Mangel an konkreten Vorschlägen – aber was passt?

Die beiden Bücher von John Hattie sind nun seit eineinhalb Jahren bzw. sieben Monaten in deutschsprachiger Version auf dem Markt und man kann mit Fug und Recht von einem mächtigen Echo und sehr breiter Rezeption sprechen. Das betrifft nicht nur die akademisch-konzeptionelle Fachdiskussion in all ihren zustimmenden und ablehnenden Schattierungen zwischen „endlich ist es bewiesen" über „haben wir immer schon gemacht" bis „für die Praxis völlig unbrauchbar". Das betrifft vielmehr und vor allem die vielfältigen Impulse auf der Ebene des täglichen operativen Handelns an Schulen, die in der Diskussion und Aufbereitung der Studie erarbeitet worden sind. Praktisch jede inhaltlich tätige Institution im Bereich der diversen Länderschulverwaltungen, die meisten entsprechenden Einrichtungen der akademischen Lehreraus- und -fortbildung an Universitäten und Pädagogischen Hochschulen und zusätzlich noch allerlei Verbände und Initiativen haben sich „nach Hattie" mit konkreten umsetzungsorientierten Vorschlägen und Anregungen kraftvoll und vielfältig zu Wort gemeldet. Und sie versorgen ihre jeweiligen Adressaten und interessierte Andere mit einer Fülle an entsprechenden Materialien zum Thema „Visible Learning" und dessen prominenteren Wirkfaktoren.

Auch an vielen Schulen unterschiedlichsten Typs wird „mit Hattie" experimentiert, und über Umsetzungserfahrungen zu diesem oder jenem Wirkfaktor wird immer wieder berichtet. Das Internet und die sozialen Medien liefern dazu mittlerweile eine breite Palette von Beiträgen. Und dennoch entsteht im Alltag des Schulbetriebs immer wieder der Eindruck, dass in der Breite alle diese Empfehlungen, Anregungen, Handlungsvorschläge und Umsetzungshilfen nur sehr schleppend aufgegriffen und genutzt werden.

Das ist nur auf den ersten Blick ein verwunderlicher Befund. In allen Organisationen, die in den letzten zwei Jahrzehnten durch allerlei tiefgreifenden Wandel gegangen sind, in Unternehmen jeder Größe und in Verwaltungen, in Krankenhäusern und sozialen Einrichtungen ist diesbezüglich eine Erfahrung zum Allgemeingut geworden, die in Unternehmen ganz lakonisch auf eine sprichwörtliche Form gebracht wurde: „Culture eats strategy for breakfast". Das Zitat wird dem berühmten Management-Guru Peter Drucker zugeschrieben (Drucker 1991) und beschreibt die Erfahrung, dass eben ausgedachte Veränderungsimpulse im Alltag nicht greifen, die nicht zur gewachsenen Kultur einer Organisation passen – und zwar ganz unabhängig von der Frage, ob sie „an sich" für vernünftig gehalten werden oder nicht. Die Gründe für dieses Primat der gewachsenen Organisationskultur bei der Umsetzungsfrage sind vielfältig, und sie lassen sich in wenigen Kernsätzen zusammenfassen:

- Menschen **entwickeln Loyalität zu einer gewachsenen Kultur** der Organisation, nicht zu konzeptionellen Impulsen, auch wenn diese rational als sinnvoll, interessant und vernünftig gelten mögen.
- Die Organisationskultur als „geronnenes kollektives Verhalten" liefert den Menschen Sicherheit und Stärke in schwierigen Zeiten.
- Etwaige Kulturverstöße führen zu heftigeren Konsequenzen als Verstöße gegen konzeptionelle, programmatische oder strategische Orientierungen, es ist leichter, Widerstand gegen die Einzelimpulse zu artikulieren als sich gegen die Art und Weise zu verhalten, „wie das bei uns ist".
- Konzepte und Strategien kann man kopieren, die gewachsene Kultur der Organisation nicht, sie ist viel zäher als alle „vernünftigen" oder „modischen" Impulse, die aus der Wissenschaft oder aus anderen Kulturen daherkommen.

Für unsere Perspektive auf die Umsetzungschancen vieler Impulse zum „Visible Learning" in den schulischen Alltag ergibt sich damit eine unabdingbare Notwendigkeit: Als **Schulleitung** wird es auf der Basis dieses Wissens nötig sein, **gemeinsam mit dem Kollegium** den Blick auch auf solche gewachsenen organisationskulturellen Qualitäten der Schule zu richten. Es muss geprüft werden, welche Vorschläge aus dem Hattie-Kanon bei einer gegebenen **„DNA der Schule"** eine nennenswerte Aussicht auf Realisierung haben. Diese klärenden Prüfvorgänge sollen anhand einiger Beispiele jetzt etwas näher beleuchtet werden.

Die Sache mit den Zielen

Auf den ersten Blick klingt es sehr naheliegend und aus dem Alltag von uns Menschen auch ganz geläufig: Sich Ziele zu setzen steigert die Motivation, die Handlungsenergie und die Ausdauer beim Engagement für irgendwelche Handlungs- und Veränderungsimpulse. Wir wissen das von Sportlern, von Unternehmern oder auch von Menschen, die ihr Gewicht reduzieren oder als Person anderes Wünschenswertes erreichen wollen.

Ziele sind intrapersonale Konstrukte, an die einzelne Person gebundene Vorstellungen von einem „irgendwie als wünschenswert" gekennzeichneten Endzustand. Sie haben mit Sehnsüchten zu tun, sind Konkretisierungen der vielzitierten „Visionen", zeugen – wenn selbst entwickelt und nicht vorgegeben – auch von Autonomie und gelingender Selbststeuerung. In Mehr-Personen-Systemen, also in Teams – und eben auch in Lehrerkollegien – kann es dabei durchaus einige Mühe verursachen, dass mehrere Personen die gleichen Zielvorstellungen entwickeln, also „alle an einem Strang ziehen", das ist z. B. ein klassischer und bekannter Befund aus dem Mannschaftssport. Wenn wir allerdings die Persönlichkeitspsychologie befragen, (im Überblick z. B. Kuhl 2009, S. 338 ff.), wird deutlich, was uns auch die Alltagserfahrung zeigt und an was wir uns aus dem abgelagerten Lehrerwissen über Leistungsmotivation vielleicht noch erinnern: Nicht für alle Menschen gilt, dass das Erzeugen „innerer Bilder vom Erwünschten" auch die Antriebskraft und Handlungsenergie steigert. Es gibt eben auch Menschen, die durch ganz andere Qualitäten zu besonderen Anstrengungen und nachhaltigem Energieeinsatz bewegt werden. „Pflicht" ist etwa eine solche ganz andere Kategorie („Ich muss das tun."), aber eben auch die Bezogenheit mit anderen („Ich tue es für dich und für uns."). Und wenn man etwa einen Künstler mitten in einer kreativen Schaffensphase nach seinen „Zielen" fragt, wird man womöglich erstauntes Nichtverstehen ernten. Er arbeitet mit Ausdauer und Energie an seinem Werk, dem Bild, der Komposition oder an dem Gedicht, weil der schöpferische Prozess selbst sich richtig und sinnvoll und gut anfühlt, völlig losgelöst von irgendwelchen Überlegungen, was man im Ergebnis denn mit dem Werk alles anstellen könnte. Man kann also bei Menschen – situativ unterschiedlich – durchaus sehr unterschiedliche Formen antreffen, wie sie zu ihrer Handlungsenergie für dieses oder jenes kommen und dabei ganz grob die „Ergebnislust" von der „Prozesslust" unterscheiden.

„Zielorientierung" arbeitet mit der Lust am zu erreichenden Ergebnis und dem emotional erlebten Markieren des „Erfolges" durch Siegesfeiern oder „Trophäen". Prozesslust hingegen entsteht bei Menschen, die etwas „einfach so" tun, weil es sich gut anfühlt und nicht, weil sie sich dieses oder jenes Resultat versprechen.

Zielerreichung als Kraftquelle ist also generell bei Menschen in unterschiedlichem Maße ausgeprägt. Und schon der Augenschein zeigt uns nun, dass die Veranstaltung „Schule" in der Tendenz nicht gerade Menschen mit mitgebrachter ausgeprägter Zielorientierung anzieht. Fragt man etwa in einer Schule danach, was denn hier als Erfolg gefeiert wird, so kommt nach längerem Schweigen oft die Antwort „Das Erreichen der Pensionsgrenze". Tendenziell zielorientierte Menschen suchen wohl eher andere Berufsfelder aus als die Schule, Berufe, in denen die Sequenz „Zielsetzung-Anstrengung-Erfolg" eine deutlich größere Rolle spielt.

Und Zielorientierung hat auch ihre Nebenwirkungen, die mitgedacht werden müssen: Sie kann tendenziell zu einer Verengung der Wahrnehmung auf die angestrebte Zieldimension führen, Anderes außer Acht lassen, was nicht mit dem Ziel und seiner Erreichung direkt zu tun hat. Im Extrem kann dann sogar ein „Tunnelblick" entstehen, der andere Dimensionen, Ereignisse, und Wirkungen des gesamten Handlungsfeldes ausblendet, andere Personen, Grenzen, Regeln nicht mehr zur Kenntnis nimmt. In Shakespeares „Heinrich V." heißt das sehr plastisch aus dem Munde des Königs vor dem Aufbruch in den entscheidenden Feldzug gegen Frankreich: „For we have no thought in us but France". Das tut der Konzentration und dem Kräftesammeln gut, das hilft, die Truppen zu motivieren,

aber es blendet eben auch alles aus, was sonst noch im englischen Königreich zu gestalten wäre.

In der Konsequenz heißt all das für eine Schulleitung – wenn sie an ihrer Schule den Faktor der Zielorientierung im Sinne von Hattie intensivieren möchte –, dass auch in diesem Kontext zunächst einmal der Status quo zu diagnostizieren wäre: Welche Kolleginnen und Kollegen sind denn wohl aus eigenem Wollen und aus mitgebrachten Neigungen heraus geneigt, ihren Unterricht auf die von Hattie proklamierte Art und Weise „zielorientierter" anzulegen und manches von den vielen vorhandenen ganz praktischen Handlungsideen zu diesem Sektor auszuprobieren? Ganz gleich, ob es dann dabei um die schlichte Bekanntgabe von Unterrichtszielen gegenüber den Schülern geht, um die zielbasierte eigene Konstruktion von Unterrichtssequenzen und -materialien oder um das Verhandeln von selbstgesetzten Lernzielen mit den Schülern (Locke/Latham 1990), es wäre sicher nützlich, solche Kollegen dazu einzuladen, **zunächst von** ihren **Zielen und den dahinterliegenden Wünschen und Sehnsüchten** zu **sprechen**. Auf diesem Weg entsteht auch für andere womöglich die Lust am Entwerfen einer Zukunft des Unterrichtens und Lernens, die als erstrebenswert angesehen wird. In der weiteren Konkretisierung sind für solche Gespräche und Überlegungen dann die klassischen drei Elemente einer jeden Zieldefinition nützlich:

- Die „Zielgröße" beschreibt, um was es inhaltlich gehen soll: Kompetenzaufbau, Verhaltensänderungen, Prozessqualitäten, Fehlerfreiheit oder was die erwünschten Qualitäten und Dimensionen immer sein mögen. Jedes Mühen um anschauliche Konkretisierung zahlt sich dabei aus, grobe Verallgemeinerungen wie etwa „Sozialverhalten" oder „Kenntnis" sind keine brauchbaren Zielgrößen.
- Die „Zielvorschrift" beschreibt das angestrebte Anspruchsniveau der Zielgröße, an der gearbeitet werden wird. Hier geht es um möglichst klare Sollwerte, die dann auch überprüft werden können. „Besser werden" ist eben keine orientierende Zielvorschrift.
- Der „Zeitbezug" sagt etwas darüber aus, in welchem Tempo, in welcher Zeitspanne das Ziel als erreichbar angesehen wird.

Nach aller Erfahrung **helfen** solche **Klärungen** auch den zunächst weniger zielorientiert vorgehenden Kollegen, sich in diese kommunikative Arbeit einzubringen und **dieser Art der Formatierung der pädagogischen Anstrengung näher zu treten.**

Und es versteht sich nach solchen Überlegungen dann sicher von selbst, dass das Erreichen von Zielen in angemessener Form durch eine wie auch immer geartete „Feier" markiert wird, damit Gelegenheit entsteht, entsprechende Emotionen des „Erfolges" auch auszudrücken. Zielorientierte Menschen brauchen das. Für andere gilt dann eher die lakonische Aussage des Schriftstellers Hans Kasper: „Erfolg und Misserfolg – Zweige am Baum".

Der Perspektivenwechsel:
Das Interesse für die Lernenden

Wenn man als Lehrperson die Impulse von Hattie zum sichtbar gemachten Lernen ernst nehmen und in das eigene Unterrichtshandeln einbauen möchte, entsteht zwischen Lehrenden und Lernenden eine völlig andere Verteilung der Verantwortlichkeiten für den Lernprozess, als es die Traditionen des Schulwesens in Deutschland nahelegen. Eine der berühmt gewordenen Formeln von Hattie für diesen Vorgang ist das allenthalben zitierte Gebot, dass der Lehrer mehr zum Lerner wird und der Schüler mehr zum Lehrer. Das ist ein ziemlich heftiges Gebot. Ein solches neues Rollenarrangement ist allerdings nicht mehr nur eine Frage von anderen unterrichtlichen Interventionen oder verändertem methodischem Vorgehen, das sind lediglich mögliche Erfahrungs-Stationen auf dem Weg dazu. Der Umbau der Verantwortlichkeiten für den Lernzuwachs, wie er in den prominenter gewordenen Hattie-Impulsen zum Ausdruck kommt, bringt vielmehr eine bewusste Neudefinition der Lehrerrolle mit sich, stellt Gewohntes und Traditionelles in Frage. Und solche Rollenveränderungen verlangen deswegen einmal mehr eine sorgsam erarbeitete Prozessstruktur gemeinsamen Lernens von Lehrenden, eine Aktivität die letztlich nur von der Schulleitung in Gang gesetzt werden kann. Und wieder geht es darum, im Kollegium einen Diskurs der intensiveren Art zu starten und ihm auch den nötigen Raum zu geben. So etwas ist nicht-delegierbare Leitungsarbeit und sie beginnt mit der individuellen Selbsteinschätzung: Eine Leitungsperson kommt also nicht darum herum, den Mitgliedern ihres Kollegiums die – durchaus provokante – Frage zu stellen, inwieweit sie sich eigentlich noch für die Person des Lernenden, für deren Erleben, für die Sicht der Schüler auf die Welt, für deren Mühen und Freuden des Lernens interessieren. Das ist eine im schulischen Kontext ungewohnte und auch ziemlich intime Frage. Sie knüpft direkt an die Berufsbiografie der Lehrpersonen an, also an personenbezogenes Material, das nicht ohne weiteres mit peers verhandelt wird. Letztlich geht es um die berufliche Grundmotivation:

- Warum sind sie Lehrerin und Lehrer geworden?
- Was waren die Wünsche und Vorstellungen, als Sie diesen Beruf ergriffen haben?
- Was davon ist noch übrig geblieben?
- Wo stehen Sie heute in dieser Hinsicht?

Nicht alle Kollegien sind aus dem Stand in der Lage, ein taugliches kommunikatives Gefäß zu schaffen, in dem solche Fragen besprochen werden können (vgl. dazu die Hinweise bei Isaacs 2002). Dann empfiehlt es sich, entsprechend vertrautere Untergruppen zu bilden und zum Erzählen von Geschichten einzuladen, denn Geschichten sind das erste und einfachste Mittel gemeinsamer Sinnproduktion in Organisationen (Erlach/Thier 2004).

Dabei mag zu Tage treten, dass für manche Kollegen das Interesse an den lernenden Kindern und Jugendlichen erlahmt oder gar verloren gegangen ist. In solchen Fällen wird es schwierig mit der Implementierung von „Visible Learning"-Aktivitäten. Schon so einfache und naheliegende Verfahren wie etwa die formative Evaluation, also die schlichte Erhebung, Sichtung und Dokumentation von Zwischenergebnissen unterrichtlichen Handelns lässt sich nur durchhalten, wenn es auf Seiten der Lehrperson (noch) ein bewusstes Interesse für den Lernfortschritt und sein Zustandekommen gibt. Und wenn es darum geht, Schüler in die zunehmende Selbststeuerung ihrer Lernvorgänge einzuladen, sie vertraut zu machen mit den dafür nötigen Perspektiven und methodischen Auswertungsaktivitäten, dann geht das sicher nur, wenn die Lehrperson bereit ist, empathisch in die Schuhe des Lerners zu steigen. Auch die bereits zahlreich vorhandenen und verfügbaren Werkzeuge für ein solches Vorgehen (Checklisten, Materialien, aufbereitete Aufgaben etc.) blieben leblos und ohne Akzeptanz, wenn sie nicht von einem deutlich spürbaren Interesse des Lehrenden belebt würden. Gleiches gilt für das Vermitteln von Metastrategien des Lernens, die den Lernenden ja zum großen Teil überhaupt nicht geläufig sind.

Hier entsteht also eine der schwierigeren Aufgaben für eine innovationsinteressierte Schulleitung. Zug um Zug geht es darum, die kommunikativen Gewohnheiten im Kollegium so zu intensivieren, dass dergleichen Haltungen und Wertvorstellungen auf peer-Ebene besprechbarer werden als bisher. Die Entwicklungsstationen dafür sind bekannt und aus zeitgemäßem Leitungshandeln heraus eigentlich geläufig: Vertiefende Einzelgespräche, wechselseitige Interviews, entsprechend moderierte Klausurtagungen. Auch hier gilt selbstredend, dass eine Schulleitungsperson als beobachtetes Rollenmodell fungiert und deswegen entsprechende Prozesse mit guter Aussicht auf Erfolg durch entsprechendes Vorbildverhalten starten kann. Wenn sich also eine Schulleiterin oder ein Schulleiter die Mühe macht, sich Zeit nimmt und in Einzelarbeit aus den intimeren Regionen ihres inneren Selbst heraus einen aussageträchtigen „Brief an die Schülerinnen und Schüler" verfasst, der etwas von diesem berufsbiografischen und durchaus emotional verdichtetem Material enthält, und wenn sie oder er diesen Brief dann dem Kollegium vorliest und dazu auffordert, Ähnliches zu tun – dann kann das der Startpunkt einer gemeinsamen Reise in ein geklärtes Verhältnis zum Lehrerberuf sein. Die Hattie-Impulse brauchen solche Klärungen, um die ihnen inne wohnenden Kräfte frei setzen zu können. Das kann mehr als spannend sein und pädagogische Energie (wieder) neu freisetzen!

3 Den Ansatz „Lernen sichtbar machen" in den Schulalltag integrieren

Regine Berger

Machen das nicht alle Lehrer täglich? Eine berechtigte Frage, die dann angemessen beantwortet werden kann, wenn klar ist, was Hattie unter „Lernen sichtbar machen" versteht. Sie haben im Wissenteil schon Informationen darüber bekommen, was Hattie mit Visible Learning meint. In diesem Kapitel geht es wieder darum, wie das Wissen in Handlung münden kann. Im Folgenden stellen wir Ihnen drei möglicherweise eher ungewohnte Wege vor, wie die Schulleitung auf der Handlungsebene das Thema „Lernen sichtbar machen" in das Kollegium einspeisen kann.

____ Ebene der Schule

Der erste und entscheidende Schritt ist der, dass Sie, die Schulleitung für sich entscheiden, dass das Thema „Lernen" an der Schule und die Bedeutung der Lehrkraft fokussiert werden soll. Hattie sieht u.a. die Rolle der Lehrkraft darin, dass sie professionelle Verantwortung dafür trägt, dass durch die Einstellung und Haltung zum Lernen und die gezeigte Leistung im Lernprozess Schüler nach außen sichtbar machen, dass Visible Learning erfolgt.

Sie sind als Führungskraft der Vorreiter, der Entscheider und der Ermöglicher an der eigenen Schule. Wenn also etwas Neues gemacht wird, wie z. B. die Erkenntnisse der Hattie-Studie zu nutzen, dann wird es nur gelingen, wenn Sie dies offiziell deutlich machen: Ich möchte als Schulleiter/Schulleiterin dieser Schule, dass „Lernen sichtbar machen" in den nächsten Monaten umgesetzt wird! Diese Führungsaufgabe ist nicht delegierbar und gehört ausschließlich in die Entscheidungskompetenz der Schulleitung.

Möglicherweise ist es klug zunächst weder den Namen Hattie ins Spiel zu bringen, noch das Thema „Erkenntnisse der Forschung". Die Abwehrreaktionen durch Sätze wie „da wird ja doch nur die nächste Sau durchs Dorf getrieben" oder „das ist jetzt der nächste Hype", „Erst Klippert, dann Hattie, was kommt denn dann als nächstes? Da warte ich mal in Ruhe ab!" kennen Sie sicher. Es wäre schade in diesen Widerstand reinzulaufen und viel Energie zu verlieren und würde auch dem Anliegen nicht gerecht. Warum nicht einmal einen anderen Weg gehen?

Lernen sichtbar machen an der Schule? Was könnten Sie sichtbar machen? Unterrichten Sie noch selbst, so haben Sie Ihre Klasse, die Sie fragen können. Sie werden erstaunt sein, was die Schüler Ihnen benennen.

Hier einige Fragen, die für Sie möglicherweise zur inneren Klärung beitragen können:

- Soll es eine Unterrichtseinheit sein, oder ein Projekt mit einem gewissen Zeitrahmen?
- Was ist das Ziel, das Sie langfristig, mittelfristig, oder kurzfristig im Auge haben?
- Wen möchten Sie einbeziehen? Wen nicht?
- Welche Ressourcen stehen zur Verfügung?
- **Was ist Ihr innerer Motor?**
- Wo dockt Ihre Arbeit an?
- Wie erklären Sie den Schülerinnen und Schülern und auch deren Eltern, was Sie planen und warum Sie das tun?
- Wann geben Sie Ihre Idee ins Kollegium?
- Wo holen Sie sich Experten, sofern sinnvoll?
- …

Nehmen wir einmal an, Sie überlegen einen **Einstieg in das „Visible Learning"**, das „Lernen sichtbar machen". Sie überlegen das als Schulleiter, aber **Sie handeln auf der Ebene der Lehrkraft** und gehen so mit einem Erfahrungsvorsprung an die Arbeit mit dem Kollegium heran. Strategisch gesehen erfolgen die Schritte:

1. Schritt: Information der Klasse: Was ist Ihr Vorhaben, was ist das Ziel, wie werden Sie vorgehen. Welcher zeitliche Rahmen ist gesetzt?
2. Schritt: Sie begeistern und motivieren die Klasse damit, dass Sie den Schülerinnen und Schülern gegenüber klar zum Ausdruck bringen, dass Sie gemeinsam mit der Klasse daran arbeiten werden.
3. Schritt: Was sind die Erfolgsfaktoren? Wie könnte sich das anhören? „Es geht darum, dass wir gemeinsam in der Schule etwas sichtbar machen, was aber schon da ist! **Eure Ideen sind gefragt!** Es gibt ausschließlich Teamarbeit. Es muss ein Plan entwickelt und festgehalten werden, der uns immer wieder sagt, wo wir gerade stehen. Das Ergebnis stellen wir dann anderen Klassen, euern Eltern und allen anderen Lehrern vor. Was meint Ihr? Und vor allem: Habt Ihr Lust?"

Ein Titel könnte sein: **Unsere Schule macht Vieles sichtbar.** Die Schüler entwickeln in kleineren Gruppen Ideen, was das sein könnte, stellen diese Ideen zusammen und präsentieren sie in der Klasse. Jetzt heißt es wieder planen! Es müssen Prozesse erstellt und Zeitstrukturen bedacht werden. Ohne dass es im Vordergrund als Begriff steht, sind wir im Reich der Strategien! Sie erinnern sich? Strategien, die die Schüler lernen anzuwenden, erhöhen den Lernzuwachs in hohem Maße. Sichtbar machen heißt auch dokumentieren!

„Wie halten wir fest, was wir heute überlegt haben? Wer zeichnet verantwortlich, dass nichts verloren geht? Wie können wir auch feststellen, welche der Strategien wir nutzen, die wir in letzter Zeit häufiger bearbeitet haben? Wie könnten wir dokumentieren?"

Eine mögliche Form der Dokumentation sind Fotos. Es wäre also denkbar, dass Fotografieren als Methode eingeführt und umgesetzt wird. An vielen Schulen gibt es das bereits, an anderen noch nicht. „Wer kennt sich aus? Wer kennt jemanden, der sich auskennt? Welchen Experten können wir gewinnen?"

Das, was sich die Schüler als Thema oder Themen wählen, kann vielfältig sein und jede Idee wird besprochen. Eine solche „Einstiegsarbeit" könnte eine Unterrichtseinheit sein, von 4–6 Stunden, oder auch eine AG. Entscheidend ist, dass das Ziel nicht aus dem Auge verloren wird.

Je nach Größe der Schule und Architektur des oder der Gebäude und auch Größe der Klasse sind unterschiedliche Vorgehensweisen bei der Präsentation denkbar. Was bei Schülern, aber auch Eltern und Kollegen, Bildungspartnern oder auch der Gemeinde immer gut ankommt sind Bildergalerien oder Fotoausstellungen in der Schule! Sichtbar machen durch Schüler, was jeden Tag für jeden sichtbar ist und doch nicht angesprochen wird, ist oft ein toller Ausgangspunkt für Diskussionen, Gespräche und weiterführende Aktionen.

Das Besondere an diesem Vorgehen besteht darin, dass auch der Arbeits-und Lernprozess – ganz im Sinne der Hattie-Erkenntnisse – sichtbar gemacht wird, dass die Akteure selbst, die Schülerinnen und Schüler Auskunft geben können und so eine sehr lebendige Form des „Lernen sichtbar machen" erlebt werden kann. Das wirkt motivierend, steckt an, regt an, macht Lust auf mehr und ist mit sehr einfachen Mitteln umsetzbar.

Dann geht es an die Arbeit mit dem Kollegium. Nach der Präsentation der Pilotarbeit gibt es eine Konferenz, in der das, was bewirkt wurde, reflektiert und ausgeweitet wird. Sie als Schulleiter geben die Richtung vor und sagen deutlich, dass im Verlauf des Schuljahres mehr Lernprozesse stattfinden und allen vorgestellt werden, bei denen das Thema „Lernen sichtbar machen" zum Tragen kommt. Die Lehrkräfte haben jetzt ihrerseits Zeit, um auch mit anderen Kollegen gemeinsam zu planen und an die Umsetzung zu gehen. Die Kriterien bleiben:
- Es wird mit und durch die Schüler eine Planung erstellt.
- Teamarbeit ist ein „muss".

- Die gewählten Strategien werden mit den Schülern besprochen und damit bewusst gemacht.
- Die Schüler lernen die Arbeit, die sie leisten zu beschreiben. Sie sind antwortfähig. Was, wie und warum tun wir das, was wir tun!
- Die Arbeitsprozesse werden festgehalten.
- Die Ergebnisse werden ebenso dokumentiert.
- Die Präsentationen werden geplant und sind für Eltern und Interessierte geöffnet.

Dies ist ein möglicher Weg, wie über die Initiative der Schulleitung eine sehr konkrete Variante von Visible Learning in der Schule Einzug hält und so die Unterrichtsqualität im Tun optimiert wird.

Es muss durch die Art des Vorgehens deutlich und bewusst werden, dass, wie und was die Schüler auf diese Weise in besonderer Weise lernen.

Ebene des Kollegiums

Hattie wirbt sehr dafür, dass in der Schule, vor allem im Kollegium **mehr über das Lernen gesprochen wird**, nicht so sehr über Schüler oder Fächer oder Leistung, sondern über das Lernen. Sie möchten erreichen, dass sowohl die Lehrkräfte Ihrer Schule wieder mehr über das Lernen der Schüler sprechen, als auch deutlich machen, dass Lernen einen Platz im Kontakt mit Eltern bekommt. Wie setzen Sie an? Wie gehen Sie vor?

Für Sie als Schulleitung sind die Schritte entscheidend, wie sie das Thema „Lernen sichtbar machen" ganz konkret zum professionellen Gesprächsthema im Kollegium machen. Verordnen nützt sicher nichts! **Neugier wecken, Position beziehen, ein eigenes Beispiel zum Einstieg**, eigene Motivation zum Ausdruck bringen spricht eher an, wirkt und ist, sofern Sie es ernst meinen, hochauthentisch.

Wann und in welcher Form beginnen Sie? Was Sie sicher kennen: Wenn etwas Neues greifen soll, hilft es zunächst mit Gesprächen in kleineren Gruppen zu beginnen, aber das Prinzip der Partizipation ernst nehmen. Dies wäre möglich, indem Sie in der Gesamtkonferenz Ihr Vorhaben erläutern, aber auch deutlich machen, dass Sie zunächst mit Teilgruppen ins Gespräch gehen möchten. Den Grund für die Vorgehensweise legen Sie offen:" Ich möchte gern das Thema „Lernen" wieder stärker in den Blick nehmen. Die Art, wie wir das gemeinsam gestalten können, werden wir auch gemeinsam besprechen, aber ich möchte einfach einen ersten Schritt tun und in einer Gruppe von max. 6-8 Kollegen beginnen. Ich lade Sie über den (Online)Kalender ein zum Gespräch, 45 Minuten, über das Lernen und nach dem Termin stellen wir unsere Erfahrungen und die neu entstandenen Ideen zur Erreichung des Vorhabens allen vor."

Als methodischen Weg könnten Sie zum Einstieg des Gesprächs Fotos wählen, die Sie in die Runde geben, und mit den Äußerungen der Kollegen wird weiter gearbeitet. Es

ist erstaunlich, was an Motivation und Eigendynamik entsteht, welche Ideen einge-
bracht werden und wie das Thema die Runde macht. Beispiele, wie die folgenden, können
als Impuls dienen. Mögliche Fragestellungen könnten sein:

- Was geht Ihnen durch den Kopf, wenn sie an Lernen denken und diese Fotos an-
schauen?

- Wo sehen Sie eine Differenz im Hinblick auf das Lernen wenn sie die beiden Fotos
betrachten?
- Woran erinnern Sie die Bilder, oder eines der nächsten Bilder, in Bezug auf Ihr eigenes Lernen?

Sie werden sicher nicht mehr Impulse geben müssen, denn Pädagogen sind mit dem
Thema zu begeistern und es wird wichtig sein eine feste Zeitstruktur zu haben.

Fotos mit einem Kind von etwa 4 Jahren? Macht das Sinn? Ja! Gerade dann, wenn
Ihre Schülerinnen und Schüler nicht diese Altersstufe sind. So vermeiden Sie, dass das
Gespräch sofort mit dem Schulalltag verknüpft wird. Es geht um einen gelingenden Ein-
stieg in das Thema Lernen an Ihrer Schule.

Aber auch die folgenden Fotos können Gespräche über das Lernen anregen:

_____ Auf der Ebene eines einzelnen Schülers

Für Sie, die Schulleitung ist das Einbringen neuer Ideen auf dieser Ebene relativ leicht, da es sich um das Kerngeschäft handelt, den Unterricht und im Rahmen dieses Unterrichts neue Ideen mit praktischen Beispielen in der Regel sehr gern angenommen werden.

Dazu kommt, dass für die Lehrkräfte das Lernen sichtbar machen auf der Schülerebene sehr gewohnt ist, dauernd passiert und doch können Sie als Schulleitung auf Optimierungsmöglichkeiten hinweisen. Bevor also die Lehrkraft auf der Ebene in der Klasse aktiv wird, hilft ein Gespräch zwischen Ihnen, der Schulleitung und der Lehrkraft. Das Einzelgespräch ist nach wie vor das wirksamste aller Führungsinstrumente. „Wie erreichen wir, dass wir über das hinaus, was wir schon tun, aktiv Möglichkeiten nutzen, die dem Schüler das Sehen und Verstehen des eigenen Lernstands erleichtern und ihn auch motivieren?

Das Gespräch über das Lernen ist das Kernstück und will gut überlegt und geplant sein. Nur dann kann es mit der Leichtigkeit des Profis umgesetzt werden. Bei allen Ideen und auch Strukturen, die das Umsetzen erleichtern, entscheidend ist das Gespräch mit dem Schüler, das so gestaltet ist, dass er sich ernst genommen fühlt, dass er versteht, was der Sinn des Gesprächs ist, was die Erfolgskriterien und die Folgen eines solchen Gesprächs sein können und … was die Chance für ihn ist, aber auch für die Lehrkraft! Das muss im Vorfeld überlegt und möglicherweise auch geübt werden. Ein Gespräch über das Lernen, kompetenzorientiert, strukturiert und mit einer kurzen Zusammenfassung nicht länger als 15 Minuten, einmal im Halbjahr, das verändert das Lernen des Schülers und führt zur Weiterentwicklung des Unterrichts.

Ein seitens der Schulleitung gut vorbereitetes Gespräch mit der Lehrkraft, in der diese Aspekte angesprochen und reflektiert werden können, erleichtert der Lehrkraft den Einstieg in das neue Vorgehen und gibt Sicherheit.

„Ich möchte zunächst in kurzen Einzelgesprächen eine Struktur vorstellen, wie Lernen für Schülerinnen und Schüler sichtbar gemacht werden kann und dann gemeinsam mit Interessierten in einem ersten Fachgespräch klären, wie wir eine solche Form bei uns an der Schule einsetzen könnten".

Von Seiten der Schulleitung wäre die Form auch eine Möglichkeit, um sie bei Gesprächen über Unterricht einzusetzen – vorausgesetzt die Kompetenzen sind geklärt und kommuniziert.

In jedem Fall und unabhängig vom jeweiligen Kontext, den die Schulleitung wählt, hat die Lehrkraft durch das Gespräch schon ein Modell dafür, wie konkret das Gespräch mit dem Schüler oder der Schülerin laufen könnte, was beim Verstehen der Strukturen möglicherweise hilfreich ist und letztlich auch, welche Zeitstruktur sinnvoll und hilfreich ist.

Es ist ein entscheidender Meilenstein für die gelingende Implementation von Innovation, dass die Lehrkräfte konkret durch die Handlung der Schulleitung erfährt, wie wichtig dieser die Umsetzung einer Neuerung ist. Also kein: „Machen Sie mal, Sie kriegen das schon hin", sondern ein konkretes Durchsprechen des Vorgehens und – nicht zu vergessen – eine nachvollziehbare Einbettung in das Gesamtkonzept der Schule.

Die Lehrkräfte können sich dann zunächst untereinander absprechen, auftauchende Fragen durchsprechen, sich gegenseitig Mut zum ersten Schritt machen und sich auch einladen dabei zu sein und Rückmeldung zu bekommen.

Ebene des Unterrichts

Zurück zur Struktur, die das Lernen sichtbar macht. Neben den bereits gewohnten Formen bieten sich Strukturen an, die **beim konkreten Unterrichtsinhalt ansetzen**, aber darüber hinaus auch zu einer weiteren Möglichkeit führen, ein Gespräch mit dem Schüler zu führen.

Nehmen wir ein Beispiel aus dem Naturwissenschaftlichen Bereich.

Thema: Kohlendioxid (CO_2), Treibhausgas und Klima

Inhalt: Experimente mit dem CO_2-Messgerät

Die im Rahmen des Unterrichts zu erreichenden Kompetenzen könnten sein:

- Abbau von Vorbehalten gegen technische Geräte.
- Den CO_2-Gehalt der Luft mit dem CO_2-Messgerät messen können.
- Ein Experiment genau nach Anleitung aufbauen und durchführen können.
- Die Zielsetzung eines Experiments verstehen lernen.
- Eigenes Experiment planen, durchführen und auswerten können.
- Messwerte nach Anleitung/Hilfe mit dem CO_2-Messgerät darstellen und dokumentieren können.
- Ergebnisse vergleichen und ordnen, in naturwissenschaftliche Zusammenhänge bringen können.

Zur Vorbereitung des Gesprächs mit dem Schüler werden die Kompetenzen in ein Vierfelder Schema eingetragen:

Zunächst das leere Formular für die Erstellung eines individuellen Kompetenzprofils:

Kompetenzprofil: _____	Gespräch am: _____
Stärken	**Standard noch nicht erreicht**
Standard erreicht	**Lücken**

Je nachdem, wie die Schüler bereits an die Arbeit mit Kompetenzen gewöhnt sind, sind mehrere Varianten mit ein und demselben Instrument möglich.

Aber gehen wir zunächst an den Inhalt, also die Kompetenzen, wie sie vom jeweiligen Bildungsplan vorgegeben sind. Hier zunächst die Variante in der Fachsprache, sozusagen „for teachers only".

Noch deutlicher: Das Formular ist von der Sprache her für die Hand der Lehrkräfte geeignet, nicht aber für das Gespräch mit dem Schüler oder ein Gespräch mit Eltern.

Stärken	Standard noch nicht erreicht
■ Den CO_2-Gehalts der Luft mit dem CO_2-Messgerät messen (1.1.1.b) ■ Messwerte nach Anleitung mit dem CO_2-Messgerät erfassen (1.2.1.a)	■ Die Zielsetzung eines Experiments verstehen (2.1.2, 3.1.2) ■ Sinnvolle und zielgerichtete Abwandlung eines Experiments vornehmen, geeignete Materialien auswählen und neuen Fragen nachgehen (1.1.3, 2.1.3 , 3.1.3) ■ Aus verschiedenen Verfahren zur Erfassung von Messwerten und zu ihrer Darstellung geeignete auswählen, anwenden und die Versuchsergebnisse bewerten (1.2.2, 2.2.2, 1.2.2) ■ Messwerte nach Anleitung mit dem CO_2-Messgerät vergleichen (1.2.1.c)
■ Ein Experiment nach genau nach Anleitung aufbauen und durchführen (1.1.1.a) ■ Die Zielsetzung eines Experiments verstehen (1.1.2) ■ Messwerte nach Anleitung mit dem CO_2-Messgerät darstellen (1.2.1.b)	■ Selbstständig einen Versuch entwickeln und planen und durchführen (1.2.4.a–c, 2.2.4.a–c, 3.1.4.a–c) ■ Ergebnisse in komplexen naturwissenschaftlichen Zusammen-hängen darstellen und erklären (1.2.3)
Standard erreicht	Lücken

Dieses Schaubild zeigt wie ein Kompetenzprofil aussehen kann, das zunächst in der Fachkonferenz besprochen werden kann.

Erwartungen der Fachlehrer können ausgetauscht werden und individuelle Abstimmungen erfolgen.

Der nächste Schritt erfordert häufig bei den ersten Versuchen Übung und Reflexion, um dann aber sehr schnell zu einer routinemäßigen Handlung zu führen, die die Arbeit erleichtert und die Schüler motiviert: Das Kompetenzprofil wird in die Sprache der „Zielgruppe Schüler/Schülerin" übersetzt.

Übersetzt kann auch einmal heißen, dass solche Kompetenzprofile bei Schülern mit Migrationshintergrund in eine Fremdsprache übersetzt werden, zumindest wenn es darum geht, dass alle das Prinzip verstehen. Dies ist für die Akzeptanz des Vorgehens besonders wichtig. Innerhalb des Kollegiums helfen Rückmeldung in PLGen oder auch gezielte Rückmeldungen von Kollegen, die aus einem anderen Fachbereich kommen. Allein die Klärung der Zielsprache setzt **intensive und sehr konkrete Gespräche** über das Lernen in Gang und der einzelne Schüler, die einzelne Schülerin steht im Mittelpunkt.

Die so angebahnten Gespräche sind dann in der Durchführung gut vorbereitet, konkret, kosten damit auch wenig Anstrengung und auch wenig Zeit.

Schema für das konkrete Gespräch mit einem Schüler:

Hier hast Du besondere Stärken	Hier bist Du noch nicht sicher …
<ul><li>Du kannst den CO_2-Gehalt der Luft mit dem CO_2-Messgerät messen.</li><li>Du kannst Messwerte nach Anleitung mit dem CO_2-Messgerät erfassen.</li></ul>	<ul><li>Die Zielsetzung eines Experiments verstehen.</li><li>Sinnvolle und zielgerichtete Abwandlungen eines Experiments erarbeiten, oder auch geeignete Materialien auswählen.</li><li>Aus verschiedenen Verfahren geeignete Formen zur Erfassung und zur Darstellung von Messwerten auswählen, anwenden und schließlich die Versuchsergebnisse bewerten.</li><li>Messwerte einmal nach der Anleitung mit dem CO_2-Messgerät vergleichen.</li></ul>
Hinweis Du bist in diesem Bereich sehr sicher und kannst hier selbständig als Lernscout arbeiten	*Hinweis Überleg Dir, womit Du beginnen möchtest und komm auf mich zu. Wir überlegen dann gemeinsam, wie Du Schritt für Schritt vorgehen kannst.*
<ul><li>Du kannst ein Experiment genau nach Anleitung aufbauen und durchführen.</li><li>Du verstehst die Zielsetzung eines Experiments.</li><li>Du kannst Messwerte nach der Anleitung mit dem CO_2-Messgerät darstellen.</li></ul>	<ul><li>Selbstständig einen Versuch entwickeln, planen und durchführen.</li><li>Die Ergebnisse in naturwissenschaftlichen Zusammenhänge darstellen und erklären.</li></ul>
Hinweis Du bist in diesem Bereich sicher und kannst Dir überlegen, ob Du Dich als Lernscout qualifizieren möchtest. Komme nächste Woche in der Lernzeit auf mich zu.	*Hinweis Ich bin mir sicher, dass Du das lernen wirst und ich helfe Dir gern dabei herauszufinden, wie Du es schaffen kannst! Vielleicht hast Du Lust mit einem Lernscout zu arbeiten? Sprich mich nächste Woche in der Lernzeit an und wir machen einen Plan.*
Das kannst Du schon gut	**Lücken – Das kannst Du noch nicht, aber wir arbeiten daran!**

Vielleicht geht es Ihnen so, dass Sie selbst schon viel in dieser Hinsicht des „Lernen sichtbar machen" getan haben, aber eher im „stillen Kämmerlein", oder auch nur zu bestimmten Anlässen.

Machen Sie Ihre Ideen publik und erzählen Sie davon. Lehrer, Schüler, Eltern – alle sind letztlich zu begeistern und entwickeln eigene Ideen, was sie noch beitragen können und was noch optimiert werden könnte.

So sind Schüler oft unentdeckte Profis in der medialen Gestaltung, wollen zeigen, was sie „drauf haben und entwickeln ungeahnte Energien wenn sie ihr Potential zeigen dürfen. Das ist es, was „Lernen sichtbar machen" auch erreichen will und kann.

Auch eine Projektwoche zum Thema „Lernen sichtbar machen" von Schülerideen ausgehend kann eine Lern-Freude für alle sein. Profis einladen, Lernen sichtbar machen, reflektieren und so bewusst machen. Das wirkt und bewirkt Lernzuwachs – egal auf welcher Altersstufe.

Zielgerichteter Dialog

1 Über das Lernen der Schüler sprechen

Dietlinde Granzer

Beim Ansatz „Visible Learning" nimmt das Gespräch der Kollegen über das Lernen der Schüler eine prominente Stellung ein: Lehrkräfte sprechen aber dabei nicht, wie es bei uns häufig üblich ist, über ihren Unterricht sondern thematisieren das Lernen der Schüler. Das ist ein großer Unterschied: Wenn Lehrkräfte sich im Lehrerzimmer über ihren Unterricht austauschen, dann steht häufig das Verhalten der Schüler im Vordergrund, dass also dieser oder jener wieder auffällig war, genervt oder wieder den Unterricht gestört hat. Viel seltener trifft man auf Lehrkräfte, die sich beispielsweise über einzelne Aufgaben in einem Test oder einer Klassenarbeit unterhalten und darüber, ob diese geeignet sind, die angestrebten Kompetenzen auf Seiten der Schüler zu erfassen. Noch seltener findet man solche Lehrkräfte, die darüber sprechen, wie sich ein einzelner Schüler beim Lernen entwickelt hat und welche Überlegungen dabei die Lehrkraft dazu gebracht hat, eine bestimmte Vorgehensweise im Unterricht zu wählen.

In der Wissenschaft gibt es verschiedene Untersuchungen zur Unterrichts- und Schulentwicklung, die die **Wirksamkeit einer intensiven Zusammenarbeit von Lehrkräften** und einem zielgerichteten Dialog über Unterricht belegen. Vorgestellt werden vier Beispiele, der Ansatz von professionellen Lerngemeinschaften, die Zusammenarbeit von Lehrkräften bezogen auf die Entwicklung von Aufgaben zur Leistungsstanderhebung, die direkte Instruktion sowie den zielgerichteten Dialog auf Klassenebene und Lehrkräfteebene über das Lernen der Schüler.

Über das Lernen sprechen – Voraussetzungen

Bevor im Folgenden auf Formen der Auseinandersetzung in kollegialen Kontexten eingegangen wird, soll der Referenzrahmen für Gespräche über das Lernen beschrieben werden. Denn nur mit der Kenntnis darüber, was die Aufgaben der Lehrkraft sind und welche Anforderungen damit verbunden sind, kann präzisiert werden, welche Gesprächsinhalte aus Sicht der Professionsforschung zielführend sein können.

Erinnert sei in diesem Zusammenhang an die Vereinbarung der KMK mit den Lehrerverbänden über die Aufgaben der Lehrkraft: Die Kernaufgabe einer Lehrkraft ist demnach die nach wissenschaftlichen Erkenntnissen gestaltete Planung, Organisation und Reflexion von Lehr- und Lernprozessen (vgl. KMK 2000). Die Verbände und die KMK betonen zudem explizit, dass Lehrpersonen Experten für das Lernen sind, sie also wissen, was sie tun und warum sie es tun, und sie können begründen, weshalb sie im Unterricht, im Lehr-Lern-Prozess so vorgehen und nicht anders. Als Experten diskutieren sie über die professionelle Gestaltung von Lehr-Lern-Prozessen, bei der folglich das erfolgreiche Lernen der Schüler im Fokus steht.

Noch weiter lassen sich die Anforderungen an die Lehrkraft eingrenzen, wenn man danach fragt, was einen guten Unterricht ausmacht. Er zeichnet sich nach heutigem Stand wissenschaftlicher Erkenntnisse durch folgende Merkmale aus (z. B. Helmke 2009, Meyer 2004, Hattie 2012):

Guter Unterricht …

… ist strukturiert und basiert auf einer Planung,

… ist kompetenzorientiert,

… ist zielorientiert und überprüft die Erreichung der Ziele,

… ist kognitiv aktivierend,

… orientiert sich an der Lernausgangslage der Kinder,

… basiert auf wertschätzendem Umgang mit Schülern,

… weist einen hohen Anteil an reiner Lernzeit auf,

… beinhaltet unterschiedliche Unterrichtsformen,

… nutzt Helfersystem in der Klasse,

… erhebt regelmäßig Lernstände der Kinder.

Vor diesem Hintergrund kristallisieren sich die Inhalte aber auch die Anforderungen heraus. Um nur ein Beispiel zu nennen: Die Anforderung an die Lehrkraft ist, den Unterricht kognitiv aktivierend zu gestalten, damit Schüler erfolgreicher lernen können. In Gesprächen zwischen Pädagogen könnte etwa darauf fokussiert werden, wie der einzelne Schüler so gefordert werden kann, dass er den Unterricht als kognitiv herausfordernd wahrnimmt und dadurch im Lernprozess gehalten werden kann. Dies kann durch Lehr-Strategien aber auch durch Differenzierungsmaßahmen erreicht werden, indem beispielsweise leistungshomogene Gruppen gebildet werden, die unterschiedlich komplexe Aufgabenstellungen bearbeiten.

Miteinander über pädagogische Sachverhalte sprechen – Professionelle Lerngemeinschaften

Eher zufällig machte Susan Rosenholtz (1989) vor über 25 Jahren bei der Auswertung ihrer Daten von 78 Schulen eine interessante Entdeckung: Eigentlich ging es bei ihrer Studie vorrangig um den Arbeitsplatz der Lehrkraft, aber sie hatte auch Schulleitung und Lehrkräfte danach gefragt, ob sie sich Zeit für Weiterbildung nehmen und auch schulintern gemeinsam an Themen aus dem pädagogischen Bereich arbeiten. Bei der Auswertung der Daten konnte sie unter anderem mittels dieser Fragestellungen zwei Schultypen identifizieren: Einen, bei dem das Lernen auf allen Ebenen, d.h. auch auf Lehrerebene, als bereichernd wahrgenommen wurde und einen, bei dem das Lernen als alleinige Aufgabe der Schüler betrachtet wurde. Die ersteren Schulen nannte sie „learning-enriched schools" und sie zeichneten sich dadurch aus, dass die Lehrkräfte sich als Lernende betrachteten, sich fortbildeten und mit anderen Lehrkräften über pädagogische Themen sprachen, die sie bewegten. Bei Schulen, die eher die Schüler in der Lernendenrolle sahen, die learning-impoverished schools, gab es deutlich weniger Zusammenarbeit oder Gespräche über das Lernen der Schüler. Zudem schnitten diese Schüler schlechter bei Leistungserhebungen ab.

Die lernenden Schulen lassen sich nach Rosenholtz (1989) daran erkennen, dass ...

... der Fokus der Bemühungen Lehrkräfte auf dem Leistungszuwachs bei den Schülern liegt, sie sich dafür interessieren, ob die einzelnen Schüler eine Lernfortschritt verzeichnen können.

... die Lehrkräfte sich gegenseitig unterstützen, wenn es um die Bewältigung ihrer beruflichen und unterrichtsbezogenen Aufgaben geht und es eine Kultur der aufgabenbezogenen Hilfestellung gibt.

... die Schulleitung den Unterschied ausmacht und sie der Dreh- und Angelpunkt ist: Sie ermöglicht und fördert die berufliche Entwicklung und unterstützt das Lernen aller Lehrkräfte. Auch sie sieht sich als Lernende und ist offen für Innovationen und daran interessiert, wo ihre Schule noch Weiterentwicklungspotential hat.

Die Befunde von Rosenholtz haben entscheidend zur Entwicklung des Ansatzes der Professionellen Lerngemeinschaft (PLG) beigetragen, die in den letzten Jahren eine immer größere Verbreitung gefunden haben. Im deutschsprachigen Raum forschten vor allem Bonsen/Rolff (2006) und Huber (2008) über diesen Ansatz.

Übereinstimmend werden die PLGen in der internationalen Literatur durch ein Fünf-Säulen-Modell beschrieben (vgl. Hord 2004, Bonsen/Rolff 2006):

1. Lehrerkollegien, in denen das Arbeiten in dieser Form üblich ist, entwickeln im Laufe der Zeit gemeinsam geteilte Normen und Werte. Dies betrifft beispielsweise die Auffassung darüber, was sie unter Lernen verstehen, welche Wertigkeit sie ihm beimessen, was für sie beim Lernen unverzichtbar ist, wie sie ihre Beziehung zu Lernenden gestalten usw.

2. In solchen Schulen sind die Türen – nicht nur bildlich gesprochen – offen. Die gängige Mentalität der Freiheit der Lehre und die damit einhergehenden Abschottung auch gegen Kollegen wird abgelöst durch eine gelebte De-Privatisierung. Das Lehren ist keine private Angelegenheit mehr, das hinter verschlossenen Türen abläuft. Kollegiale Besuche und der sich anschließende Austausch über das Gesehene und Gehörte, der Abgleich von unterschiedlichen Wahrnehmungen sind eine Selbstverständlichkeit und tragen erheblich zur Weiterentwicklung des Unterricht bei.

3. Die Professionellen Lerngemeinschaften arbeiten am Thema „Lernen der Schüler" und nicht am Thema Lehren. Sie interessieren sich für Lehrstrategien, dies allerdings vor dem Hintergrund, wann und wie sie das Lernen der Schüler voranbringen. Entlastende Gespräche unter Kollegen gibt es zwar auch, aber sie sind eher selten. Oft wird aber darüber gesprochen, wie der oder ein anderer

Schüler lernt, wo Hürden im Lernen auftauchen, wie bei einer Aufgabe unterschiedliche Schwierigkeitsgrade erzeugt werden können oder wie eine Lern-Dokumentation aussehen muss, damit das Lernen mit den Schülern besprechbar wird und diese einen Erkenntnisgewinn für ihr weiteres Lernen daraus ziehen.

4. Die **Kooperation zwischen den Pädagoginnen und Pädagogen** hat mehrere Facetten. Sie dient der Entlastung in der Arbeit durch gezielte Zusammenarbeit, noch wertvoller wird sie aber dadurch, dass die Kollegen unterschiedliches Wissen und Ideen einbringen und sich dadurch gegenseitig bereichern und weiterbringen. So sind sie durch die Zusammenarbeit eine lernende Gemeinschaft.

5. Die Schwerpunktsetzung auf das Thema „Lernen der Schüler" sowie die gemeinsame Zusammenarbeit der Lehrkräfte werden bereichert durch den **reflektierenden Dialog** mit den Kollegen, der zum Tiefen- und Konzeptverstehen beiträgt und den Aufbau weiterer Handlungsskripte begünstigt. Die Gespräche kreisen um Fragen wie: Warum kommt ein Schüler im Lernprozess nicht weiter? Welche Theorie hilft mir zu verstehen, wo seine Lernhürden und –unterforderungen begründet liegen? Wann profitiert welcher Lerner von welcher Lehr-Strategie?

Professionalisierung durch gemeinsame Erstellung und Weiterentwicklung von Aufgaben

Professionelle Gespräche kommen schneller in Gang, wenn der Fokus klar und eindeutig ist. Wie eine solche intensive Beschäftigung mit einem lernbezogenen Thema aussehen kann, kann man beim Ansatz „Process Implementation Monitoring" (PIM) sehen (Reeves 2010). Reeves konnte bei über 2 500 Schulen, die in einem Sozialraum mit einem hohen Anteil benachteiligter Gruppen oder Migrantenanteil liegen, zeigen, dass durch die konsequente Umsetzung des PIM-Verfahrens die Leistung der gesamten Schülerschaft so verbessert werden konnte, dass sie mit anderen erfolgreichen Schulen konkurrieren konnten.

Zielführend ist vor allem, wenn sich, wie Reeves beschreibt, Lehrkräfte gemeinsam auf das neue Schuljahr vorbereiten. Sie setzen sich vor Beginn des Schuljahres zusammen und arbeiten an dem Stoffverteilungsplan. Die Zusammenarbeit bezieht sich auf die Umsetzung konkreter Inhalte, den Aufbau von Kompetenzen auf unterschiedlichen Niveaus und Lehrstrategien, die das Lernen begünstigen. Vor Beginn des Schuljahres identifizieren Lehrkräfte gemeinsam die zu erreichenden Kompetenzen und konstruieren dann neue Aufgaben, die geeignet sind, die jeweiligen Kompetenzen auf unterschiedlichen Niveaus zu überprüfen. Die Aufgaben sind komplex aufgebaut, sprechen unterschiedliche kognitive Niveaus an und lassen häufig unterschiedliche Lösungswege zu. Nach der gemeinsamen Aufgabenkonstruktion lösen die Lehrkräfte die Aufgaben in Einzelarbeit und fertigen exemplarische Lösungen an und prüfen so, ob die Teilaufgaben für Schüler mit unterschiedlichen Fähigkeiten lösbar und auswertbar sind. Gegebenenfalls werden die Aufgaben auch noch einmal überarbeitet, um sicherzustellen, dass kognitiv starke und schwache Schüler die für die unterschiedlichen Stufen entwickelten Teilaufgaben verstehen und dann erfolgreich bearbeiten können. Anschließend werden die Aufgaben gegenseitig ausgetauscht, korrigiert und mit Punkten versehen. Die Teams können ihre Aufgaben auch anderen Teams vorlegen, wodurch die Qualität der Testaufgaben steigt. Als Nebenprodukt wird so ein zuverlässiges Punktesystem entwickelt und weiter verfeinert.

An diesem Beispiel kann man gut sehen, wie die lernerbezogene Perspektive, die die Lehrkraft beim Lösen einnimmt, durch die Art und Weise der gemeinsamen Er- und Bearbeitung von Aufgaben zur Lernstandserhebung geschärft, durch das eigene Teammitglied korrigiert oder bestätigt und durch die Einbindung weiterer Teams einer laufenden konstruktiv-kritischen Überprüfung unterzogen wird. Auch Reeves verweist darauf, dass PLGen für solche pädagogischen Erarbeitungsprozesse optimal sind, die Unterrichtsentwicklung enorm bereichern und dadurch das Lernen der Schüler verbessern können.

____ Direkte Instruktion

Hattie (2012) vertritt die Auffassung, dass es sinnvoll ist, Unterrichtsstunden gemeinsam zu planen. Auf diese Weise erarbeiten sich die Lehrkräfte ein gemeinsames Verständnis über mögliche Herausforderungen im Lernprozess und darüber, woran sich Lernfortschritte zeigen. Die Direkte Instruktion (DI) ist insofern ein interessanter Ansatz für Teams oder PLGen, weil wesentliche Abschnitte präzise vorausgeplant werden können und durch das gemeinsam geteilte Wissen Handlungssicherheit aufgebaut wird. Die DI gliedert sich dabei in folgende Abschnitte:

1. Die Lernintentionen werden den Schülern gegenüber transparent gemacht, die Erfolgskriterien benannt, damit die Schüler rückblickend überprüfen können, ob sie die Ziele und in welchem Umfang erreicht haben.
2. Die Aufmerksamkeit der Schüler wird auf den Lerngegenstand fokussiert.
3. Die Lehrkraft prüft, ob die Schüler das notwendige Vorwissen aufweisen.
4. Sie vermittelt die zentralen Prinzipien und Grundlagen des zu erwerbenden Inhalts durch einen gezielten Input, der vortragender Art sein aber auch Lektüre, Grafiken, Audio- oder Videosequenzen einschließen kann. In dieser Phase der direkten Instruktion spielt das Modelllernen eine wichtige Rolle, bei dem die Lehrkraft anschaulich zeigt, welche Leistung erwartet wird aber auch beispielsweise über das Präsentieren von guten Beispielen Tiefenverständnis oder Konzeptverständnis anbahnt. In dieser Phase der direkten Instruktion überprüft die Lehrkraft das Verständnis bei den Lernenden, sichert dieses gegebenenfalls ab und geht erst dann zur nächsten Phase weiter.
5. In der angeleiteten Übung wenden die Schüler das Gelernte an, erhalten aber dabei ein Feedback, das ihnen gegebenenfalls hilft, Missverständnisse zu korri-

gieren, Lücken zu schließen und ein Oberflächen-, Tiefen und Konzeptverstehen aufzubauen oder zu vertiefen.

6. Bei Unterrichtsende fasst die Lehrkraft die zentralen Erkenntnisse zusammen, organisiert das Gelernte und sorgt dafür, dass die Schüler ein stimmiges Bild vom Lerngegenstand haben.

7. Das unabhängige Üben gibt den Lernenden die Möglichkeit der Festigung und des Transfers, bei dem das Gelernte auf unterschiedliche Kontexte angewendet werden kann.

Die Schritte 1 bis 4 können gemeinsam im Team vorbereitet werden. Die gemeinsame Klärung der Ziele und Erfolgskriterien verhilft dazu, die zu absolvierenden Lernschritte der Schüler besser bestimmen und auf dieser Basis entscheiden zu können, an welcher Stelle die Lehrkraft als gutes Model fungieren bzw. gute Beispiel präsentieren kann. Das Wissen über mögliche Feedbacks, die in Phase 5 gegeben werden, entsteht in der Vorbereitungsphase und kann direkt genutzt werden.

Zielgerichteter Dialog in der Klasse und zwischen Lehrkräften

In den vorherigen Abschnitten wurden Modelle der Zusammenarbeit zwischen Lehrkräften beschrieben, durch die eine Auseinandersetzung mit pädagogischen Themen organisiert und strukturiert wird. Es sind die Lehrkräfte, die nach der Bearbeitung der Themen in den Professionellen Lerngemeinschaften Impulse zur Unterrichtsentwicklung setzen, die Schüler sind allerdings an dieser Entwicklung nur indirekt beteiligt.

Bei dem nun folgenden Ansatz werden Schüler in die Unterrichtsentwicklung partizipativ einbezogen. Sie sind Experten für ihr eigenes Lernen und sie können am besten einschätzen, von welchen Lehrstrategien sie am meisten profitieren, welche Kontextbedingungen für sie besonders lernförderlich sind.

Ausgangspunkt (Schritt 1) ist eine Befragung der Schüler zu ihrem eigenen Lernen (vgl. Tabelle 1) zu lernförderlichen Aspekten wie ein Feedback zur Aufgabe oder zum Lernprozess, Offenlegen von Lernintentionen und Erfolgskriterien aber auch soziale Aspekte wie ein lernförderliches Klassenklima. Mit Blick auf die Gruppe sollen sie dann darauf fokussieren, bei welchen der von ihnen gewählten Lernaspekte Handlungsbedarf besteht. Im zweiten Schritt wird das Ergebnis der Klasse präsentiert (Schritt 2).

Wie sieht ein solches Ergebnis aus? Die folgende Abbildung zeigt die Auswertung einer Befragung von Schülern der Sekundarstufe I und II (IfaS 2012). Die auf den ersten fünf Plätzen rangierenden Aspekte lassen sich in zwei Gruppen unterteilen: Eine, bei der die Lehrkraft direkt – beispielsweise durch ein Feedback – Einfluss nehmen kann (Aspekte Fehlerursachen bekannt, Lösungsweg bekannt, Anforderungen bekannt) und eine, bei der auch die Mitwirkung der Klasse gefragt ist (Interessantheit des Unterrichts, Lärmpegel niedrig):

Selbsteinschätzung: Wie lerne ich am besten? (N = 1 657, Kl. 5 – 12)	
Unterricht interessant	3,48
Lärmpegel niedrig	3,38
Fehlerursachen bekannt	3,37
Lösungsweg bekannt	3,31
Anforderungen tranzparent	3,25

1 = trifft überhaupt nicht zu; 2 = trifft eher nicht zu; 3 = trifft eher zu; 4 = trifft voll und ganz zu

Abb. 1: Selbsteinschätzung der Schüler zu ihrem eigenen Lernen

Betrachten wir im Folgenden den Aspekt „Lärmpegel niedrig": Wenn Schüler signalisieren, dass sie besonders gut lernen, wenn in der Klasse ein niedriger Geräuschpegel ist, dann können die Lernenden einen aktiven Beitrag dazu leisten und ihr Verhalten so verändern, dass dieser sinkt. Die Lehrkraft kann ihrerseits versuchen, eine effektive Klassenführung aufzubauen, sie braucht aber auch die Unterstützung durch die Schüler, die dieses Ziel „Verringerung des Geräuschpegels" mittragen.

In den Fällen, wo die Klasse ihren Beitrag leisten muss, ist es wichtig, dass sich alle Beteiligten wertungsfrei über das „Phänomen" austauschen und was dieses für die Lernenden und die Lehrkraft bedeutet (Zielgerichteter Dialog, Schritt 3): Den einen Schüler mag ein höherer Lärmpegel nicht stören, der andere fühlt sich dadurch schnell abgelenkt, für die Lehrkraft kann er stressend sei, vielleicht nimmt sie den ansteigenden Geräuschpegel im hektischen Unterrichtsbetrieb aber auch nicht mehr wahr.

Phase	Klassenebene	Ebene der Lehrkräfte
Schritt 1	Befragung der Schüler zu ihrem eigenen Lernen und zum Optimierungsbedarf in der Klasse	Zielgerichteter Dialog über Erwartungen und Intention der Selbsteinschätzung der Schüler
Schritt 2	Präsentation des Ergebnisse in der Klasse	
Schritt 3	Zielgerichteter Dialog über die Bedeutung der Aussagen der Schüler zu ihrem eigenen Lernen aus der Perspektive der Lernenden und der Lehrkraft und dem daraus resultierenden Handlungsbedarf.	
Schritt 4	Zielgerichteter Dialog über den Beitrag der Schüler und der Lehrkraft zur Optimierung	

Phase	Klassenebene	Ebene der Lehrkräfte
Schritt 5	Treffen einer Vereinbarung über die Umsetzung der jeweiligen Beiträge	Zielgerichteter Dialog in Teams/PLGen über die Ergebnisse und mögliche Handlungsstrategien zur Optimierung
Schritt 6	in einer Phase von mindestens sechs Schulwochen Arbeit an der Optimierung	
Schritt 7	Überprüfung der Wirksamkeit der gewählten Maßnahmen	

Tabelle 1: Idealtypischer Ablauf des zielgerichteten Dialogs auf den verschiedenen Ebenen

Im **zielgerichteten Dialog** (Schritt 4) wird dann gemeinsam überlegt, was die am Unterricht Beteiligten jeweils dazu beitragen können, um dem Ziel – in diesem Falle der Reduzierung des Lärms – näher zu kommen. Darüber wird zwischen Lehrkraft und Schülern eine Vereinbarung (Schritt 5) geschlossen. Die Lehrkraft sagt beispielsweise zu, auf die Einhaltung der gemeinsam verabredeten Klassenregeln zu achten und/oder ein akustisches Signal einzusetzen, wenn der Lärmpegel steigt. Die Schüler könnten beispielsweise vereinbaren, dass sie sich gegenseitig aufmerksam machen, wenn jemand zu laut wird oder dass sie im Klassenzimmer behutsamer gehen. Nach einem Zeitraum von 6-10 Unterrichtswochen wird online überprüft, ob die gemeinsamen Anstrengungen erfolgreich waren, und gegebenenfalls wird nach einem halben Jahr noch einmal eine Befragung gestartet, um den nächsten Entwicklungsschub anzustoßen (Schritt 6 und 7).

Unterrichtsentwicklung partizipativ betreiben setzt nicht nur auf Beteiligung der Schüler, sondern **„teilt" auch die Verantwortung** für gelingenden Unterricht und für das Lernen der Schüler. Dies ist zu begrüßen, da diese Experten für das Lernen sind und als solche einen unschätzbaren Beitrag für die Weiterentwicklung von Unterricht und Schule leisten können.

2 Dialog als besondere Gesprächsform verstehen

Wolfgang Looss

Aus der Vogelperspektive: Kommunikationsnotwendigkeiten des Visible Learning

Wenn man versucht, das Substrat der wichtigsten Impulse aus der Hattie-Studie aus größerer Flughöhe zu betrachten, so ergibt sich als gemeinsamer Nenner der meisten Wirkfaktoren, dass sie neben den jeweiligen veränderten Interventionsmustern im Unterricht grundsätzlich und alle einen bewussteren Umgang mit der Tätigkeit des Kommunizierens voraussetzen. Das gilt in erster Linie sicher für die Interaktion zwischen Lehrperson und Schülern bzw. der Klasse als Ganzes, das gilt aber dann in hohem Maße für die Interaktionen der Lehrenden untereinander. Auch schulische Kommunikationsmuster entstehen als kollektive Gewohnheiten im Kollegium emergent und das meist außerhalb der bewussten Wahrnehmung. Jede Implementierungsaktivität im Kontext der Hattie-Studie, die eine Schulleitung startet, stellt solche gewachsenen und bis ins Unbewusste habitualisierten Muster zunächst einmal zur Disposition.

Es geht bei den meisten Wirkfaktoren um das gesteigerte Sichtbarwerden der Lehrperson gegenüber signifikanten Anderen, also Schülerinnen und Schüler, Kolleginnen und Kollegen, Eltern und weitere Funktionsträger. Eines der wichtigsten Instrumente dafür ist das kommunikative Repertoire der Einzelnen und des Kollegiums. Auf der Ebene der Einzelperson eröffnet eine so gestiegene Sichtbarkeit ungekannte Bereiche von Intimität mit den damit einhergehenden Effekten von Verunsicherung. Die Person operiert gelegentlich sogar an der Schamgrenze, wenn sie sich auf diesen Weg begibt. Das will gewollt sein.

Und im Kollegium mag es durchaus sein – das zeigt die Erfahrung in solchen Veränderungsprozessen –, dass mit dem Verlassen eingeschliffener Routinen die Abstimmungs- und Verständigungsprozesse durchaus erst einmal langsamer werden und mehr Arbeit erfordern.

Umso nützlicher ist es dann, einen kleinen Vorrat an Methodik zur Verfügung zu haben, auf den man sich in der konkreten Situation beziehen kann. Und solche methodischen Verabredungen beginnen mit einfachen Unterscheidungen kommunikativer Standardmuster.

Über Debatten, Diskussionen und Dialoge: Wie wollen wir miteinander reden?

Es gibt wohl unendlich viele Formen, wie Menschen miteinander sprechen können, sei es in Paaren, in Gruppen oder in großen Versammlungen mit tausenden von Menschen. In allen Kulturen sind Formen und Rituale, Regelsysteme und Inszenierungen für das vielfältige große Spiel der Kommunikation entwickelt worden. Es gab und gibt Palaver am Lagerfeuer, akademische Fachkonferenzen mit ihren vielen Kommunikationsformen oder den Familienrat am Küchentisch. Wir alle kennen Redeschlachten im Parlament mit ihren geregelten Abläufen, hohen Erwartbarkeiten und Ritualen, wir kennen ermüdende „meetings" im beruflichen Kontext, und alle Lehrpersonen kennen zur Genüge ihre Standardveranstaltungen wie Konferenzen oder pädagogische Tage.

Und in den letzten Jahrzehnten wurden in westlichen Ländern weitere Formen entwickelt, wie Kollektive, Populationen, Gruppen, Kollegien, also Menschen in Organisationen oder auch – noch höher dimensioniert – im Gemeinwesen miteinander in kommunikativen Austausch treten können. Solche Formen sind verknüpft mit allerlei inzwischen modisch gewordenen Vokabeln wie etwa dem „open space" (Owen 2001, Witthaus/Wittwer 2000), dem „World-Cafe" (Braun/Isaacs 2007) oder der Methode „WholeScale" (informative Übersicht über allerlei andere Formate z. B. bei Holmann/Devane 2002, Dittrich-Brauner 2008).

Schon in den alten europäischen Hochkulturen mit ihren ausdifferenzierten Formen rhetorischen Verhaltens sind dabei drei Grundmuster unterschieden worden, die uns heute noch helfen, uns über nützliche kommunikative Arbeitsformen zu verständigen (Isaacs 2002), bevor wir uns auf irgendwelche „schicken" neue Methoden einlassen.

- In der „Debatte" (lat. debattare = niederschlagen) geht es um Gewinner und Verlierer, also um Sieg und Niederlage mit kommunikativen Mitteln. Die besseren Redner setzen sich durch, weswegen das Debattieren auch geübt werden musste und an amerikanischen High Schools heute noch zum Lehrplan gehört.
- In der „Diskussion" (lat: discutare = zerschneiden, zerlegen) geht es um die Analyse eines komplexen Sachverhalts, es geht um Logik und Schlussfolgerungen, um Fakten und Beweise.
- Im „Dialog" geht es dagegen um das gemeinsame Erforschen unterschiedlicher Meinungen und Sichtweisen. Dabei ist es die besondere Leistung aller Beteiligten, das Anderssein nicht nur auszuhalten sondern sich aktiv dafür zu interessieren. Zusätzlich gilt es dann aber zu erforschen, wie die eigene Reaktion beschaffen ist und woher sie stammt.

In der Lebenswirklichkeit an Schulen – wie in anderen Organisationen auch – werden diese Formate natürlich nur selten bewusst und sauber voneinander unterschieden eingesetzt. Die Kommunikationsgewohnheiten werden vielmehr von den Verhältnissen, den Notwendigkeiten und den mitgebrachten „habits" der Einzelpersonen diktiert. Wenn es jedoch im Zuge einer Implementierung von Impulsen aus der Hattie-Studie nötig wird, die gewachsenen Kommunikationsgewohnheiten anzuschauen und ggf. zielgerichtet zu verändern, ist eine solche Unterscheidung ein aussichtsreicher erster Schritt.

Es könnte also Sinn machen, im Kollegium sehr bewusst eine „Debatte" zu inszenieren, in der es – nach guter Tradition – um den Wettstreit der Argumente geht, ob man sich überhaupt diese Mühen aufladen sollte, Hattie-Wirkfaktoren auch an dieser Schule einzuüben oder ob es nicht viel vernünftiger wäre, in Ruhe abzuwarten, bis der „Hattie-Spuk" irgendwann vorbei ist und im Übrigen zur Tagesarbeit zurückzukehren. Für eine solche Aktivität braucht es exponierte Vertreter beider Positionen, die sich auf eine solche Debatte vorbereiten, sich ihres jeweiligen Gefolges versichern und dann mit Lust und Energie „in den Ring steigen". Zusätzlich benötigt man natürlich ein Auditorium, das am Ende ein Urteil fällt, wer denn die „besseren" Argumente hatte. So etwas macht einerseits Kommunikationsmuster bewusst, lädt ein zum Experimentieren und startet inhaltlich die Willensbildung.

Es könnte aber auch Sinn machen, zum gleichen Thema oder zu Einzelfragen eine Diskussion zu starten (wie im Kapitel „Die Inspektion des Neuen" beschrieben). Und es könnte aussichtsreich sein, sich im Kollegium zunächst mit den gängigen Geboten des Dialogisierens zu befassen und erst dann einen Dialog über Themen zu starten, wie sie im Wissensteil unter der Überschrift „zielgerichteter Dialog" aufgeführt sind: Wie man die Lernvorgänge bei einzelnen Schülern in dieser oder jener Klasse erlebt, welche Ideen es gibt, dort wirksam zu werden, was man daran schwierig findet etc.

Die Tugenden guten Dialogisierens sind ja durch allerlei einschlägige Fortbildungen vielen Menschen im Schulbereich bekannt, kurz zusammengefasst lauten Sie (Hartkemeyer/Hartkemeyer 2005):

- Stellen Sie Ihre eigenen Annahmen und Überzeugungen hintan!
- Beobachten Sie den Beobachter in sich selbst!
- Hören Sie sich selbst beim Zuhören zu!
- Fragen Sie, aber drosseln Sie Ihr Fragetempo!
- Achten Sie auf Ihr Denken!
- Interessieren Sie sich für das Zustandekommen von Überzeugungen bei anderen!
- Erkunden Sie als Lerner!
- „Ich weiß, dass ich nichts von dir weiß."
- Ausreden lassen. Einen Raum schaffen für konzentrierte Aufmerksamkeit.
- Annahmen und Bewertungen in der Schwebe halten. Unterschiede untersuchen und nicht wegbügeln.

Durch solche erste bewusste Experimente und Übungen entsteht zunächst Interesse und dann auch die Qualifikation, mit solchen dialogisch orientierten Manövern dann auch den Kontakt zu den Schülern zu gestalten.

Die Beziehungen durch Kommunikation verkomplizieren? Über Risiken des Ungewohnten und Modellverhalten beim Irritieren

Die im Kollegium eingeschliffenen Muster des Kommunizierens haben ja ihre Vorteile. Sie sind Bestandteil und Ausdruck der „Kultur", die ja bekanntlich Sicherheit stiftet. Jeder Versuch, diese Muster zu verändern, erzeugt eben deswegen auch Abwehr, weil Menschen damit ihre Komfortzone des unangestrengten Miteinanders verlassen müssen, ganz gleich wie dieses Miteinander im Einzelfall auch aussehen mag. Es geht ja nicht nur um mangelnde Bezogenheit und „Entfremdung" im Kollegium, die jetzt im Zuge der Hattie-Erkenntnisse aus ganz bestimmten Gründen in Richtung „mehr Kontakt" zu verändern wäre. Es kann auch genau anders herum sein, dass nämlich die eingeübte Kommunikation schon zu allerlei emotionalen Verdichtungen zwischen einzelnen Personen geführt hat oder ganze Cliquen entstanden sind. Und solche „zur Struktur gewordenen" Muster erschweren es wegen ihres einengenden und bindenden Charakters, sich nun in intensivierter Unterschiedlichkeit über Lernprozesse bei Schülern auszutauschen und allerlei Ungesagtes zu besprechen. So gibt es ja insbesondere an kleineren Schulen häufig den Effekt der „Beziehungsverwechslung": Kollegen beschreiben sich als „befreundet", verbringen Zeit auch außerdienstlich miteinander und bilden im Kollegium festgefügte Untergruppen voller Beziehungssolidarität. Auch solche Sozialkörper können zu Widerstandsnestern werden, wenn die unterrichtliche Praxis der Lehrpersonen verändert werden soll: Sie wehren sich allerdings weniger gegen das deutlichere Erkennbarwerden, sondern gegen die Auflösung ihrer verschweißten Gemeinsamkeit als undifferenziertes „wir". Und wenn etwa eine neue „Professionelle Lerngemeinschaft" geschaffen werden soll, die solche gewachsenen Beziehungsstrukturen aufbrechen würde, entsteht Widerstand: Auch in diesem Fall müsste eine Komfortzone verlassen werden, wenn auch in diesem Fall gerade nicht eine der Isolation und Zurückgezogenheit („Ich mach hier mein Ding, wie ich es immer gemacht habe.") sondern eine Komfortzone undifferenzierten informellen und privatistischen Austausch in wohliger Gemeinsamkeit.

Kommunikation – vor allem in ihren ungewohnten Spielarten – birgt also allerlei Risiken unterschiedlicher Qualität. Eine Schulleitung tut gut daran, solche Risiken zu sehen und ihnen steuernd zu begegnen. Und auch hier ist der erste Schritt wieder die bewusste Wahrnehmung des Status quo:

- Wer ist wie „vertraut" mit wem?
- Wer ist wem verpflichtet?
- Wer stützt wen?
- Wer ist wem nützlich?
- Wer verbringt viel Zeit mit wem?
- Wer ist sich mit wem immer einig?
- …

Solche zu Strukturen gewordenen Kommunikationsmuster lassen sich natürlich auch nutzen. So manche informelle „Clique" hat sich schon zu einer innovativen Experimentiergruppe entwickelt. Aber manchmal bilden sie eben auch Hindernisse, wenn es darum geht, etwa in Fächerverbünden oder in stufenbezogenen Gruppen andere dialogische Formen mit neuen Gesprächspartnern einzuüben.

Im zweiten Schritt wird die Schulleitung damit beginnen, mit den betroffenen Menschen über diese Situation ein Gespräch zu führen, das als kommunikativer Akt möglichst schon anders verlaufen sollte als gewohnt. Die Schulleitung zeigt also bereits im eigenen Vorgehen neue, ungewohnte kommunikative Muster. Sie lädt etwa die ganze Gruppe ein und spricht das ungewohnte Thema offen an, fragt nach, untersucht Gründe und Hintergründe, macht Vorschläge, gibt Bedenkzeit, fordert Entscheidungen. Nützlich in einem solchen Kontext ist, was immer die Erwartungserwartungen durchbricht und für Staunen sorgt.

Im Parallelprozess zeigt die Schulleitungsperson mit solchen kleinen Manövern gezielter Grenzverletzung auch noch Modellverhalten in Sachen Lernen: Sie riskiert es sehenden Auges und ganz bewusst, dass Kollegen sich wundern, überrascht sind, in Konflikt gehen, sich als irritiert, betroffen oder gar „verletzt" zeigen. So beginnt Lernen.

Wir hatten das doch schon mal: Der Rückgriff auf Schulentwicklung als erstem kommunikativen Durchlauferhitzer

An den allermeisten Schulen waren solche konstruktiven kommunikativen Verunsicherungen schon öfter Thema, vorwiegend im Zusammenhang mit den diversen Aktivitäten zur Schulentwicklung. Das ist jetzt bis zu 20 Jahre her und es gibt inzwischen schon viele jüngere Kolleginnen und Kollegen, die diese erste Welle bewussten Wahrnehmens eigener kommunikativer Praxis in all ihren provokativen, konfliktträchtigen und dann auch produktiven Phasen nicht mehr miterlebt haben.

Als seinerzeit die ersten Steuergruppen eingerichtet wurden, als die ersten Schulentwicklungsberatungen anliefen, als die ersten Schulprogramme entstanden, da war es ebenfalls nötig, sich – individuell und kollektiv – der eigenen kommunikativen Muster bewusst zu werden und zu merken, dass sie für die „Arbeit am System" eben nicht ausreichend sind. Es musste also damals schon gelernt und entlernt werden, wenn auch in einem etwas anderen Kontext. Damals war der Fokus eher das „System Schule", die Flughöhe war größer, es ging nur zum Teil um konkretes Verhalten im Unterricht.

Und wenn auch mittlerweile viele dieser Schulprogramme eher abgeheftet in Ordnern schlummern und darauf warten, dass sie mal wieder hervorgeholt und überarbeitet werden: Die Erinnerung an diese Arbeit dürfte noch lebendig sein, jedenfalls zum Teil und bei einigen im Kollegium. Und die Erfahrungen von damals sind jetzt, wenn es denn um Implementierung veränderten Kommunikationsverhaltens gehen soll, durchaus von Wert: Auch bei dem Ringen um Schulprogramme wurden Kollegen in ungekanntem Ausmaß füreinander sichtbar, mussten sich in Vorlieben und Werthaltungen, Talenten und Lernfeldern zeigen, mussten neue Formen der Kommunikation erproben, Nähe und Distanz neu regulieren und was dergleichen personenbezogene Lernerfahrungen mehr sind.

Insoweit stellt „Kommunikation" in ihren vielen Formen, Entartungen, erstarrten Gewohnheiten und abenteuerlichen Spielarten durchaus eine Erfahrungsbrücke dar, auf die jetzt Bezug genommen werden kann. Damals wie jetzt geht es darum, sich ein weiteres Stück aus der Einzelkämpferrolle des Lehrerdaseins zu lösen und sich in ungekannter Intensität mit anderen in Austausch zu begeben. Ging es seinerzeit um eher programmatische Dimensionen, so steht jetzt der Lernerfolg von Schülern im Fokus. In beiden Arbeits- und Veränderungs-Bereichen allerdings spielen die persönlichen und gemeinschaftlichen Kommunikationsmuster eine entscheidende Rolle.

Sicherlich ist die Hattie-Studie nicht mit der Absicht entstanden, „Schule als System" zu verändern, aber die Umsetzung der Erkenntnisse wird sicherlich neben vielen anderen Effekten auch wieder und einmal mehr die „Schule als System" verändern. Deswegen ist es vermutlich aussichtsreich, auf die schon damals durchlebten Erfahrungen Bezug zu nehmen.

3 Zielgerichteter Dialog

Regine Berger

Zielführende Dialoge tragen auf den unterschiedlichen schulischen Ebenen zur Unterrichts- und damit auch zur Schulentwicklung bei. Davon war bereits in dem Kapitel „Wissen" die Rede. Für Schulleitungen, die von ihrer Rolle her für die Implementation und die „Qualität im Klassenzimmer" verantwortlich sind, stellt sich jetzt vor allem die Frage, wie diese Qualitätsentwicklung gemanagt werden kann.

Wir haben Schulleitungen dazu befragt, was sie unter Qualitätsentwicklung im Klassenzimmer verstehen und dabei kristallisierten sich folgende Punkte heraus:

- Qualität entsteht durch eine zielführende Handlung vor Ort in der Klasse.
- Qualität braucht eine positive Erfolgsdynamik unmittelbar in der Klasse.
- Qualität zeigt sich am Lernzuwachs der Lernenden.
- Qualität bedeutet, mit Prozesssicherheit in der Klasse handeln.
- Qualität bewirkt Lernen mit Lust.
- Qualität, die erreicht wurde, begeistert und motiviert.

Und nicht zu vergessen … Qualität heißt, dass jeder Schüler und jede Schülerin die Chance hat, pro Jahr einen nachweislichen Lernzuwachs von mindestens $d = 0.40$ für sich zu erreichen.

Qualitätsmanagement heißt aber immer auch, den Nachweis für die Weiterentwicklung zeigen zu können und das ist etwas, das vielen Schulleitungen Kopfzerbrechen bereitet. Die Bereitschaft sinnvoll zu handeln, um das Lernen zu fördern, ist an allen Schulen vorhanden. Es gibt auch immer Kollegen, die bereit und interessiert sind, Vorreiter zu sein, aber das bedeutet für die Schulleitung noch lange nicht, dass eine klassenübergreifende Unterrichts- und Qualitätsentwicklung stattgefunden hat und das auch noch mit nachweisbaren Ergebnissen. Was tun?

Verschränkung von Qualitätsmanagement und Datennachweis

Eine der Möglichkeiten zielführende Dialoge an der Schule einzuführen und die Entwicklung zu dokumentieren, bietet das Instrument „Lebenswelt Lernen". Bevor wir aber auf das online gestützte Dialoginstrument eingehen, noch kurz eine Darstellung, wie es in das Gesamtsystem Schule einzuordnen ist. Dies dem Kollegium verständlich zu machen, ist Aufgabe der Schulleitung und ebnet den Einstieg in die Arbeit, die dann von den Lehrkräften geleistet wird.

		Lebenswelt Lernen powered by ifas	
Klasse	Jahrgangskonferenz Fachkonferenz Notenfindung	zielführende Dialoge über das Lernen	– ergebnisorientiert – in der Klasse – selbststeuernd – eigenverantwortlich
Schule	Professionelle Lern- gemeinschaften Arbeiten an Themen	Schülermitverwaltung Schulkonferenz Organisation Schule	
	Lehrkräfte – Lehrkräfte	**Lehrkräfte – Schüler**	

Einordnung des Dialoginstruments „Lebenswelt Lernen" in das Schulmanagment

Wie aus der Grafik zu erkennen ist, setzt das Instrument im Rahmen des Schulmanagements an der Schnittstelle an, an der es um Dialoge in der Klasse geht. In einer Schule wird viel gesprochen: es gibt eine ganze Reihe von strukturell verankerten professionellen Gesprächen der Lehrkräfte auf Klassenebene, in Jahrgangskonferenzen, Fachkonferenzen oder Konferenzen zur Notenfindung.

Auf der Schulebene können es Professionelle Lerngemeinschaften aber auch Schulentwicklungsteams sein, die gezielt an Themen arbeiten. Gespräche mit Schülern finden auf Schulebene beispielsweise im Rahmen der Schulkonferenz oder der Schülermitverantwortung statt, die übergeordnete Fragestellungen beinhalten.

Wenn es aber um das Thema Lernen der Schüler geht, macht es Sinn, dass die Gespräche zwischen Lehrkräften und der Klasse in einen zielführenden Dialog münden, der – sofern das zum Standard in allen Klassen wird – in der Konsequenz auch zu einer gemeinsamen Unterrichtsentwicklung führt. Genau an dieser entscheidenden Gelenkstelle setzt also das Dialoginstrument an, das drei Phasen modelliert:

- Dialogphase 1 – Schritt 1: Schüler schätzen sich selbst ein: Wie lerne ich am besten? Schritt 2: Wo setzen wir in der Klasse an, um unser Lernen zu optimieren?
- Dialogphase 2 – Kernstück Vereinbarungen: Was kann ich als Schüler zur Optimierung beitragen? Was kann ich als Lehrkraft beitragen?
- Dialogphase 3 – Entwicklung feststellen: Die Schüler schätzen ein, wie die Entwicklung der gemeinsamen Arbeit aus ihrer Sicht geklappt hat, also eine Überprüfung der Wirksamkeit der Maßnahmen aus Sicht der Schüler.

Jede Phase wird mit einer kontinuierlichen Rückkopplungsschleife ins Gesamtkollegium transparent gemacht. Eine kurze Informationsphase vorab ist sinnvoll, aber nicht für jede Schule zwingend erforderlich. Schuldialog.org stellt jeder Schule ihr eigenes Monitoring bereit, so dass z.B. die wichtigsten Lernfaktoren einer Jahrgangsstufe erkennbar sind und auf Schulebene die nächsten Qualitätsschritte initiiert werden können.

Lebenswelt Lernen: Das Instrument

Zum Einstieg, wie immer bei Innovationen und neuen Wegen, ist die Schulleitung gefragt, denn bevor der Einsatz mit dem Instrument beginnt, muss an der Schule bekannt sein, worum es geht, was das Ziel ist und wie die Einbettung gedacht ist.

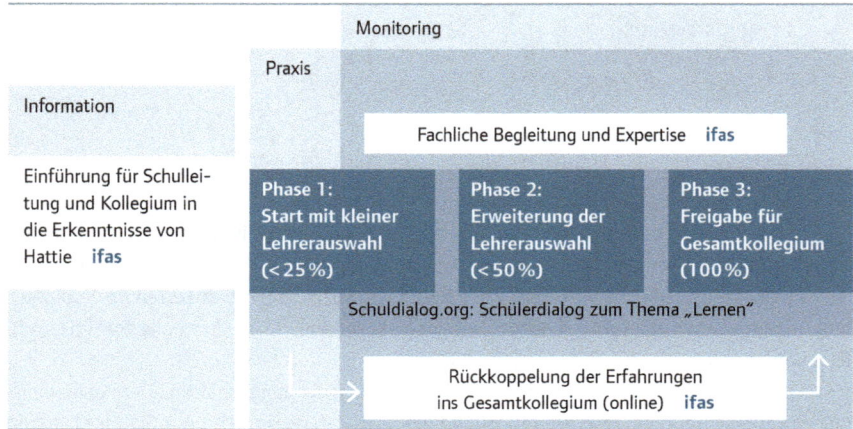

Nicht nur das Kollegium, sondern vor allem die Schüler, aber auch die Eltern müssen erfahren haben, was auf sie zukommt und warum das Instrument eingesetzt wird. Hier gilt es, wieder zu begeistern, Neugier zu wecken und sehr deutlich zu machen, dass es um eine Einschätzung der Schüler dazu geht, was ihnen beim Lernen hilft und das Ergebnis in Vereinbarungen mündet, die zwischen Lehrkraft und Klasse getroffen werden, um das gemeinsame Lernen zu optimieren.

Dialogphase 1
Schritt 1: Schüler schätzen sich selbst ein: Wie lerne ich am besten?
Schritt 2: Wo setzen wir in der Klasse an um unser Lernen zu optimieren?
▪ Teilschritt 1:

Jeder Lernende schätzt online gestützt sein Lernverhalten ein und wählt die Faktoren aus, die ihm beim Lernen helfen. Es geht bei diesem Teilschritt um die **Perspektive des einzelnen Schüler**, das im Dialogtool abgebildet wird.

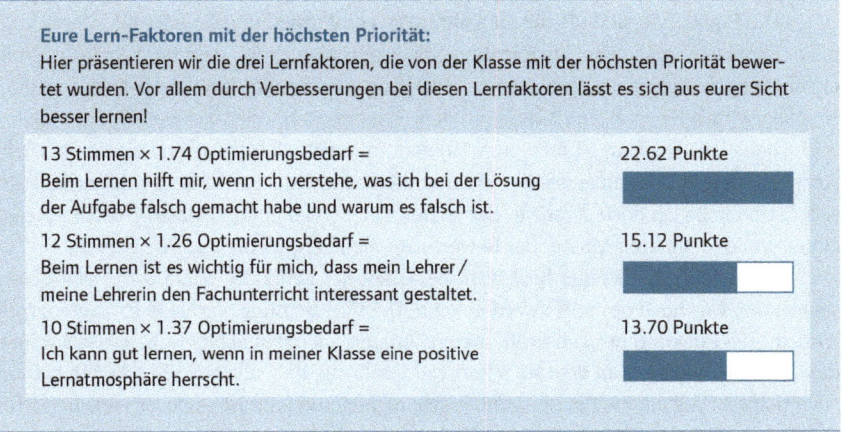

— Teilschritt 2:

Jeder Lernende wird gefragt, in Bezug auf welchen Faktor ein Optimierungsbedarf in der Klasse besteht.

Bei diesem Teilschritt geht es also um einen Perspektivwechsel: Dem Schüler werden seine gewählten Aussagen präsentiert und er wird nun gefragt, bei welchen dieser Faktoren bezogen auf die Klasse ein Optimierungsbedarf besteht, damit das Lernen in der Klasse gelingen kann. Hier wird eine Entscheidung von jedem Einzelnen gefordert und die Fokussierung erreicht, die für die Weiterarbeit entscheidend ist.

Für die Bearbeitung der Phase 1 ist in der Regel ein Zeitraum von 30 bis 45 Minuten anzusetzen.

Am Ende von Dialogphase 1 wird das Ergebnis sofort präsentiert. Die Berechnung erfolgt vollautomatisch und das Ergebnis der drei wichtigsten Faktoren kann abgerufen, abgespeichert und ausgedruckt werden. Der Dialog, der das Kernstück des Instruments darstellt, konzentriert sich dann ausschließlich auf die drei wichtigsten Lernfaktoren der Klasse.

Es ist für die Lehrkraft immer mit einer gewissen Spannung verbunden, was die Ergebnisse wohl sein werden, wenn die Schüler zunächst ihre Einschätzung geben, was ihnen beim Lernen hilft und diese Ergebnisse kombiniert werden mit der Frage nach der Einschätzung der Optimierung in der gesamten Klasse. Für die Schulleitung ist es wichtig zu erreichen, dass durch ihr deutlich gezeigtes Interesse an der Umsetzung die Lehrkräfte auch Vertrauen entwickeln, Ergebnisse berichten und offen besprechen.

Die Ergebnisse sind oft für die Lehrkräfte verblüffend und im ersten Moment sind viele überrascht, manchmal auch irritiert, da es gut möglich ist, dass die Schüler noch in einem Bereich Optimierungsmöglichkeiten sehen, der bereits intensiv beackert wurde. Nehmen wir als Beispiel eine Klasse mit dem Ergebnis: Ich weiß, welche Lernziele ich erreicht habe. Die Kollegin ist im ersten Moment innerlich eher frustriert, macht vielleicht auch ein keinesfalls strahlendes Gesicht und denkt spontan: Das kann ja wohl nicht wahr sein, daran habe ich doch gerade in der letzten Zeit so viel mit der Klasse gearbeitet. Hier gilt es von dem inneren Muster der Bewertung einen Schritt Abstand zu nehmen.

Also nicht: Die Schüler bewerten die Arbeit der Lehrkraft, sondern sie sagen, was sie meinen, was noch optimiert werden kann. Die Blickrichtung wechseln ist angesagt. Es wird auf die Reaktion der Lehrkraft ankommen und auch den Schülern bewusst machen, dass das ein Thema ist, an dem sie schon viel Erfahrung haben. „Wow! Das Ergebnis freut mich richtig! Da haben wir ja oft darüber gesprochen und jetzt ist es unser Lernthema für die nächste Zeit! Das ist super! Ihr wollt da noch weitermachen, das hätte ich jetzt nicht gedacht! Dann lasst uns jetzt mal darüber nachdenken, was wir ganz konkret tun können!"

Gerade beim Einstieg in die Arbeit mit Schülerfeedback dieser Art sind Gespräche und Reflexionsangebote wichtig und hilfreich, ganz besonders von der Schulleitung, aber auch von Kolleginnen und Kollegen. Die Erkenntnis ist wichtig: Ohne die Arbeit der Lehrkraft wäre diese Sensibilisierung gar nicht möglich gewesen.

_____ Dialogphase 2
Was kann ich als Schüler zur Optimierung beitragen?
Was kann ich als Lehrkraft beitragen?

Das Kernstück ist die Phase 2: der **Dialog zwischen der Klasse und der Lehrkraft**. Hier ist der Ort, an dem die Lehrkraft vor allem neugierig sein und zuhören muss, was die Botschaft der Schüler ist. Es geht nicht um richtig oder falsch. Es geht darum, dem zuzuhören, was die Klasse als Einschätzung gibt zu der Fragestellung: Wo können wir uns verbessern, damit das gemeinsame Lernen in der Klasse besser gelingt.

Fragen, statt sagen, ist in dieser „Dialogphase" angesagt. Erst wenn Klarheit geschaffen ist, was die Schüler gemeinsam vertreten, geht es darum zu einer Vereinbarung zu kommen, wie in der gemeinsamen Arbeit jeder seinen Beitrag leisten kann um die weiteren Verbessrungen umzusetzen.

Es kann auch einmal sein, dass eine Rückmeldung kommt mit der die Lehrkraft nicht gerechnet hat, da sie an diesem Thema besonders viel mit der Klasse gearbeitet hat. Nehmen wir als Beispiel das Ergebnis: Ich kann gut lernen, wenn in meiner Klasse eine positive Lernatmosphäre herrscht. Die Lehrkraft kann ganz spontan auch so reagieren, dass sie sagt: „Ups, das überrascht mich jetzt und ich bin froh, dass ich das von euch höre! Ich war für mich der Meinung, dass ich das schon tue, aber ihr wollt mehr davon! Das ist eine sehr wichtige Botschaft an mich und nehme sie ernst! Was habt ihr für Ideen, wie wir das erreichen können? Was meint ihr, was ich noch konkret tun kann? Habt ihr auch

Ideen für mich?" Die Schüler sind hier am Zug und das Ringen um Verstehen und Verstanden werden im Gespräch führt zur Vereinbarung.

Was Schüler sagen und was Schulleitungen daraus lernen können

Für Schulleitungen ist es eine besondere Chance, dass sie über die Einschätzungen der Schüler, die ihnen als Ergebnis in Form eines anonymisierten Monitorings zur Verfügung stehen, einen sehr genauen und Daten basierten Einblick in das haben, welche Lernfaktoren zum jeweiligen Zeitpunkt für die Schüler der Schule bedeutsam sind. Daraus lassen sich Arbeitsthemen und Fortbildungen sehr genau und sozusagen punktgenau ableiten.

Was Schüler sagen und was Lehrkräfte daraus lernen können

Für die Lehrkräfte ist es eine besondere Chance, dass sie durch die Rückmeldung der Schüler gezielt deren Fokus einnehmen können und darauf sofort reagieren. Das sich gegenseitig Verstehen, das Nachfragen, was gemeint sein könnte, die Anforderung, dass beide Seiten am Gelingen beteiligt sind, sind die entscheidenden Faktoren aus dem Dialog zwischen Lehrkraft und der Klasse. Die Vereinbarung, die dann auch schriftlich festgehalten wird, ist eine gemeinsame Leistung.

Der zeitliche Rahmen für die Phase 2 ist in der Regel eine 90-Minuten-Einheit. Das hängt aber auch davon ab, wie geübt die Klasse in Formen von Ideenentwicklung in Gruppen, oder auch in der Fähigkeit der Diskussion in der Klasse ist.

Welche Teilschritte sind hilfreich?

1. Klären, was mit dem Ergebnis alles gemeint sein könnte.
   Lehrkraft: Ich möchte sicher sein, dass wir uns gegenseitig verstehen und deshalb schlage ich vor, dass wir uns jeweils ein Beispiel geben, was wir unter dem Ergebnis verstehen.
2. Ideen sammeln, was die Klasse an Ideen zur Umsetzung beitragen kann.
   Lehrkraft: Setzt euch in Fünfer-Gruppen zusammen und sammelt Ideen, was ihr dazu beitragen könnt, dass wir das erreichen, was ihr euch wünscht. Ich setze mich hier vorne hin und überlege für mich. Ihr habt 15 Minuten Zeit. Schreibt eure Ideen auf eine Folie und präsentiert sie anschließend. Ich tue das gleiche.
3. Zusammentragen, was von Seiten der Klasse an Ergebnissen gekommen ist und was von Seiten der Lehrkraft.
   Lehrkraft: Wir nehmen uns Zeit für das Besprechen der Ideen. Wer schreibt an der Tafel mit? Das wäre dann die Grundlage für unsere Entscheidung, was wir letztlich vereinbaren. Wenn uns die Zeit heute nicht reicht, so ist das nicht schlimm, denn entscheidend ist, dass unsere Vereinbarung von allen mitgetragen, verstanden und dann auch befolgt wird.

4. Formulieren der Vereinbarungen.

Lehrkraft: Wer kann noch einmal kurz sagen, was wir bisher gemacht haben und wo wir gerade stehen? Jetzt haben wir Ideen und auch schon konkrete Vorschläge, was wir als Vereinbarung aufschreiben, aber für mich ist es noch nicht klar genug. Es geht darum, dass ich als eure Lehrerin durch mein Verhalten zeige, dass ich euch im Fach etwas zutraue.

Hilfreich für mich wäre zu wissen: Was kann ich aus eurer Sicht konkret tun? Was könnte das konkret sein? Überlegt kurz mit eurem Partner und ich formuliere für meinen Teil auch einen Satz.

Wichtig ist im ganzen Prozess, dass die Klasse immer wieder fokussiert wird auf: Es geht um euch! Ihr könnt das! Lasst uns gemeinsam daran arbeiten und uns dann auch gemeinsam daran halten, das Lernen in der Klasse zu verbessern.

In der Dialogphase 2 treffen Lehrkräfte und Lernende in einem Unterrichtsblock ihre Vereinbarungen im direkten Gespräch miteinander, also offline im Klassenzimmer.

Leitfragen und Beispiele aus der Praxis als PDF können als Ideengeber heruntergeladen werden, die beim Entwickeln von Vereinbarungen zwischen Lehrkraft und Lernenden zu den gewählten Lernfaktoren helfen.

Die Vereinbarungen werden von der Lehrkraft, oder auch einem Schüler direkt in das Dialog-Tool „Lebenswelt Lernen" eingetragen und beenden die Dialogphase 2. Die im Dialog-Tool eingetragenen Vereinbarungen werden ausgedruckt und im Klassenzimmer ausgehängt.

Ergebnispräsentation zur Dialogphase 2 „Vereinbarung"
Aud den Seiten 1 bis 3 siehst du die Vereinbarungen, die ihr gemeinsam zur Verbesserung der drei wichtigsten Lernfaktoren getroffen habt.

Lernfaktor mit der Priorität 1
Ich erkenne, was ich bei der Lösung der Aufgabe falsch gemacht habe und warum es falsch ist.

Damit ich zukünftig besser verstehe, was ich bei der Lösung der Aufgabe falsch gemacht habe und warum es falsch ist, werde ich als Schüler/in …

… in Zukunft mit einem Partner meine Aufgaben im Team verbessern.

Damit meine Schüler/innen zukünftig besser verstehen, was sie bei der Lösung der Aufgabe falsch gemacht haben und warum es falsch ist, werde ich als Lehrer/in …

… in Zukunft Lösungen (Lösungswege) für die Schüler aushängen, um ihnen zu ermöglichen, in Ruhe nach dem Unterricht nochmal nach den Lösungen schauen zu können.

Es ist die Erfahrung vieler Lehrkräfte, dass sich die Schüler durch diese Form sehr ernst genommen fühlen, dass sie motiviert mitarbeiten und auch Verantwortung für das Einhalten übernehmen.

Zu Beginn bietet sich oft an, einen „Wächter der Aufgabe" benennen zu lassen, denn es geht nicht darum, dass nun in jeder Stunde mit dem Finger auf die getroffene Vereinbarung hingewiesen wird, schon gar nicht von der Lehrkraft, sondern eher vom Wächter der Aufgabe und zwar genau dann, wenn es sich im Unterrichtsgeschehen anbietet. Interessanterweise reicht auch nach Wochen eine Erinnerung an die Vereinbarung und sofort wissen alle wieder, was vereinbart wurde. Das ist der beste Beweis dafür, dass sich die Schüler der Bedeutung ihres Beitrags für die Optimierung auch auf der Verhaltensebene bewusst sind.

Die Formulierungen werden zu Beginn als große Herausforderung empfunden und das ist auch völlig verständlich. Die Lehrkräfte müssen sich nicht nur auf den veränderten Blickwinkel einstellen, sondern auch das gewohnte Bewerten ausschalten und den Fokus auf das Thema Lernen richten. Das ist leichter gesagt als getan und … hoch spannend!

Als Schulleitung können Sie hier durch Gesprächsangebote oder auch interessiertes Nachfragen im Kollegium viel Druck nehmen und dafür Sicherheit im neuen Handeln geben!

_____ **Dialogphase 3**
Effektive Umsetzung der Vereinbarung
Einschätzung der Schüler
Überprüfung der Wirksamkeit der Maßnahmen

Jetzt beginnt Dialogphase 3: die **Phase der „lebendigen" Umsetzung aller Vereinbarungen** für den Zeitraum von 6–8 Arbeitswochen. Die Vereinbarung ist getroffen, und gerade zu Beginn ist es sinnvoll, zunächst mit einer Vereinbarung zu beginnen. Das Top-3-Ergebnis aus Dialogphase 1 ist der Ausgangspunkt und der Reflexionsrahmen für die Optimierung. Das kann auch mit den Schülern ganz offen angesprochen werden. Die drei Faktoren werden alle bearbeitet, klar, aber nacheinander und nicht gleichzeitig!

Lehrkraft: Ihr habt ja gesehen, was die drei am häufigsten genannten Faktoren waren. Wir werden jetzt mit dem am meisten benannten Faktor beginnen und dann Schritt für Schritt die beiden anderen. Es ist eine ganz neue Form der Zusammenarbeit in unserer Klasse und deshalb gehen wir sehr sorgfältig vor, ok?

Der Unterricht geht normal weiter und immer dann, wenn es die Situation erfordert wird auf die Vereinbarung hingewiesen. In dieser Phase ist es ganz entscheidend, dass sich das Feedback der Schüler und die daraus resultierende Vereinbarung wie ein Roter Faden durch die Arbeit im Unterricht ziehen. Nicht das einmalige Arbeiten und Vereinbaren ist das Kriterium, das zur Optimierung des Unterrichts führt, sondern die kontinuierliche Arbeit im Sinne der Vereinbarung leistet den entscheidenden Beitrag zur Bewusstmachung eines veränderten Lernklimas, das sich zwischen Klasse und Lehrkraft entwickelt.

Die Schüler können sich die Veränderungen, auch wenn sie noch so klein erscheinen, dann besonders gut bewusst machen, wenn sie ein konkretes Beispiel im Unterricht erleben und spüren was passiert, wenn auf die Vereinbarung aufmerksam gemacht wird – nicht nur von der Lehrkraft!

Nehmen wir als Beispiel den Faktor: Ich kann Fehler machen, ohne Sorge haben zu müssen, dass ich ausgelacht werde.

Die Vereinbarung könnte von Seiten der Lehrkraft lauten: Damit meine Schüler sicher sein können, dass sie Fehler machen können, ohne Sorge haben zu müssen, dass sie ausgelacht werden, werde ich zukünftig sofort STOP sagen, wenn jemand aus der Klasse beim Fehler eines Mitschülers lacht. Der Unterricht wird unterbrochen und die Situation wird geklärt.

Es könnte aber auch leicht passieren, dass ein Schüler STOP sagt weil ihm auffällt, dass die Lehrkraft nicht bemerkt, dass ein Schüler ausgelacht wird. Auch hier gilt: Den Schüler ernst nehmen, die Situation klären und auf die Vereinbarung hinweisen.

Lehrkraft: Gut, dass Du STOP gesagt hast. So ist unsere Vereinbarung. So wie du beschrieben hast, was du wahrgenommen hast, kann ich nur sagen, dass ich gut nachvollziehen kann, dass du STOP gesagt hast. Ich habe das nicht bemerkt. Vielen Dank, dass du mich aufmerksam gemacht hast.

Das Lernen am Modell spielt hier eine ganz besondere Rolle und führt bei konsequenter Umsetzung zu der so häufig eingeforderten Veränderung von Haltung und Einstellung. Nicht von heute auf morgen, aber im Laufe einiger Arbeitswochen wird die Veränderung sichtbar, hörbar und erlebbar werden.

Die geteilte Verantwortung für die Arbeit im Sinne der Vereinbarung ist für Lehrkräfte sehr entlastend, vorausgesetzt sie nehmen die Chance wahr, die sich daraus ergibt, dass Lehrkraft und Klasse die Vereinbarung und deren Umsetzung erarbeitet und festgeschrieben haben. Auch hier gilt es, bewusst auf bestimmte Situationen hinzuweisen! Nicht täglich und nicht in jeder Stunde, aber ganz sicher dann, wenn die Situation passt. Das ist Feedback im Sinne der Erkenntnisse der Hattie Studie!

Am Ende der Dialogphase 3 nach ca. zwei bis maximal vier Monaten, wenn auch Vereinbarungen für die beiden anderen Lernfaktoren getroffen und umgesetzt wurden, schätzen die Schüler ein, wie sich die drei Lernfaktoren innerhalb der letzten Monate in ihrer Klasse verändert haben.

Eure drei wichtigsten Lernfaktoren
Steht ein „+" vor der Zahl, dann habt Ihr bereits eine positive Veränderung erreicht!

Euer Living-Factor lautet: + 0.70

Eure Einschätzung zur Veränderung der Lernfaktoren …
Entwicklung: − 2 = sehr negativ; 0 = unverändert; + 2 = sehr positiv

Bewertungen: 27 – Durchschnitt: + 1.04
Ich habe verstanden, was ich bei der Lösung
der Aufgabe falsch gemacht habe und
warum es falsch ist.

Bewertungen: 27 – Durchschnitt: + 0.81
Mein Lehrer / meine Lehrerin gestaltet den
Fachunterricht interessant.

Bewertungen: 27 – Durchschnitt: + 0.26
In meiner Klasse herrscht eine
positive Lernatmosphäre.

Der Abschluss der Phase 2 mit Vereinbarungen zu allen drei Lernfaktoren muss gut geplant und organisiert sein. Für die Schüler ist wichtig, dass sie alle verstehen, dass letztlich auf die Phase 3 mit der Bewertung der Umsetzung hingearbeitet wird.

Lehrkraft: Wir hatten am … die Vereinbarung erarbeitet, haben seitdem auch in diesem Sinne gearbeitet und nächste Woche läuft die Arbeitsphase ab. Wir werden dann im PC Raum den Abschluss bearbeiten. Ihr werdet online das Ergebnis mit den drei Lernfaktoren nochmal sehen und dann einschätzen, wie ihr die Entwicklung in den letzten Monaten einschätzt! Was habt ihr, was haben wir gemeinsam nach eurer eigenen Einschätzung erreicht und wie ist die Optimierung gelungen? Es geht also wieder um euch und eure Einschätzung! Ich bin schon richtig gespannt!

An dieser Stelle ist auch wieder eine Chance für die Schulleitung, in der Klasse vorbeizuschauen. Allein die Tatsache, dass die Schulleitung zu erkennen gibt, das sie weiß, wo die Klasse im Prozess gerade steht, ist ein nicht zu unterschätzender Motivationsschub. Nicht nur für die Schüler, sondern auch für die Lehrkräfte, die mit dieser Form der Qualitätsentwicklung mutig Neuland betreten. Der Online-Dialog endet mit dem „Living-Factor". Woher der Begriff? Mit Living-Factor soll assoziiert werden, dass es um das geht, was ganz lebendig im Klassenzimmer stattfindet. Ein positiver Faktor animiert dazu, die entstandene positive Dynamik weiter auszubauen. Ein negativer Faktor gibt Anlass zur

Ursachenforschung. In jedem Fall gilt: Das Engagement der Schülerinnen und Schüler bleibt auch in Zukunft gefragt.

Zum Schluss ein ganz kreativer und zugleich sehr praktischer Vorschlag zur Umsetzung von

- Lernen mit den Augen der Schüler sehen,
- Feedback,
- Wirksamkeit prüfen und
- Zielgerichteter Dialog.

Schulleitungen, die an ihrer Schule dafür sorgen, dass …

1. einmal im Jahr die Schüler ihre Einschätzung zum Lernen geben (Feedback geben) und die Lehrkräfte mit diesem Ergebnis in der Klasse weiter arbeiten und
2. einmal im Jahr eine Lehrkraft ihre Wirksamkeit auf das Lernen der Schüler über den Delta Wert misst (Wirksamkeit prüfen) und
3. über die gemachten Erfahrungen Reflexionsgespräche erfolgen (Zielgerichteter Dialog)

… müssen sich keine Gedanken mehr darüber machen, ob sie moderne Standards der Qualitätsentwicklung erfüllen. Sie **haben die Qualitätsentwicklung durch ihr Tun als Standard definiert.** So wirkt Schule – zum Wohl der Schülerinnen und Schüler.

Anhang

Was wissen Schulleitungen über die Erkenntnisse der Hattie-Studie und worauf legen sie den Schwerpunkt bei der Schulentwicklung?

An der Befragung nahmen insgesamt 70 Schulleitungen aus der Primarstufe, der Sekundarstufe I und II teil. Der Anteil der Schulleitungen aus Primarschulen mit Sekundarstufe I und Sekundarstufe II beträgt 70 %, aus der Sekundarstufe I und Sekundarstufe 23 % und der Sekundarstufe II 7 %.

Das Wissen über Hattie und seine Erkenntnisse beziehen die Schulleitungen aus unterschiedlichen Quellen. Über 90 % haben aus unterschiedlichen Druckmedien Kenntnisse über Hattie erworben, immerhin 83 % der Schulleitungen haben sich im Rahmen von Fortbildungen mit den Erkenntnissen auseinandergesetzt oder Vorträge gehört, 59 % haben im Fernsehen, über Youtube oder Internet von Hattie gehört und immerhin fast 50 % geben an, ein Buch von Hattie gelesen zu haben.

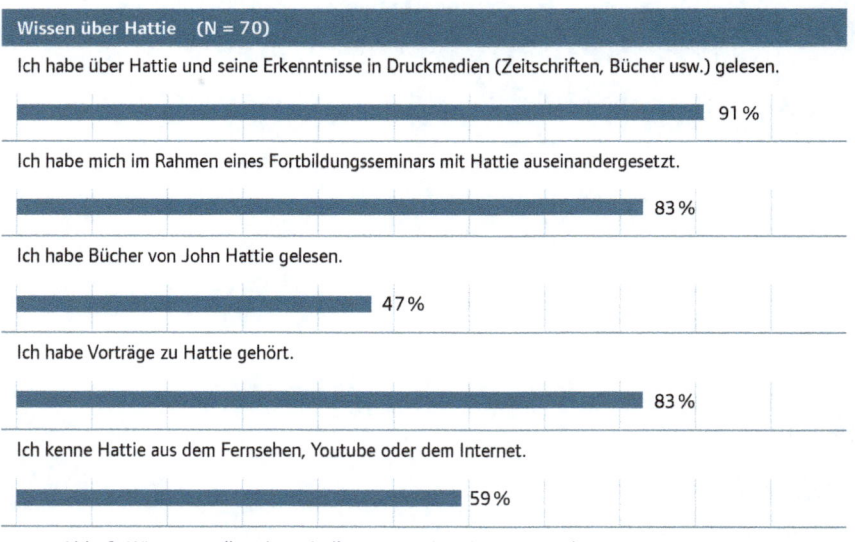

Abb. 1: Wissensquellen der Schulleitungen über die Hattie-Erkenntnisse

Während die Schulleitungen insgesamt gut informiert sind, schätzen sie die Informiertheit ihres Kollegiums deutlich geringer ein. Noch geringer fallen die Werte bei der Frage der Umsetzung von lernwirksamen Aspekten aus der Hattie-Metastudie aus. Am ehesten arbeitet das Kollegium mit unterschiedlichen Formen des „Sichtbarmachens von Lernen" (MW: 2,13) gefolgt von der Umsetzung des zielorientierten Dialogs (MW: 1,74) und dem Feedback nach Hattie (MW: 1,49).

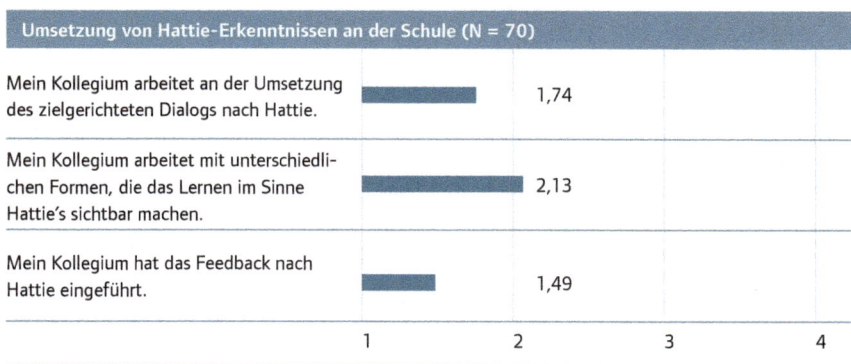

Abb. 2: Umsetzung der Hattie-Erkenntnisse

Danach gefragt, welche lernwirksamen Verfahren die Schulleitungen mittelfristig an der Schule implementieren möchten, nennen die Schulleitungen an 1. Stelle „Verfahren zur Umsetzung eines zielgerichteten Dialogs zwischen Lehrkraft und Klasse", an 2. Stelle „Verfahren zur Sichtbarmachung des Lernens", an 3. Stelle „Feedback nach Hattie" und schließlich „Verfahren zur Erhebung der Wirksamkeit des Lehrens" an letzter Stelle. Alle Werte liegen auf einer vierstufigen Skala über 3.

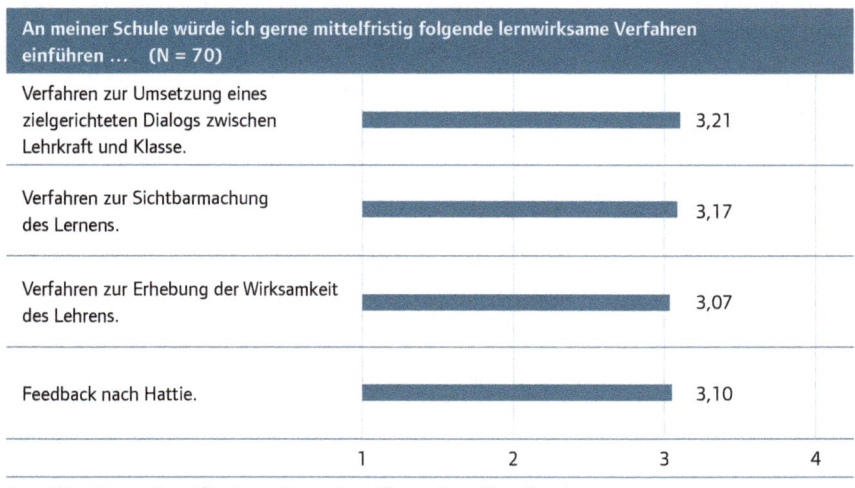

Abb. 3: Einführung von lernwirksamen Verfahren an der Schule

Literaturverzeichnis

Altrichter, H. / Posch, P. (2007): Lehrerinnen und Lehrer erforschen ihren Unterricht, Bad Heilbrunn (Klinkhardt).

Bischof, A. (2012): Bildungsgang Gymnasium Hessen – Lehrplan Deutsch 2010. Kursthema: Identitätsfindung. Unveröffentlichtes Manuskript.

Black, P. / Wiliam, D. (1998a): Inside the black box. Raising standards through classroom assessment. Phi Delta Kappan, H. 2, S. 139–148.

Black, P. / Wiliam, D. (1998b): Assessment and classroom learning. In: Assessment in Education, H. 1, S. 7–74.

Bonsen, M. / Rolff, H.-G. (2006): Professionelle Lerngemeinschaften von Lehrerinnen und Lehrern. In: Zeitschrift für Pädagogik Jg. 52 (2006), 2, S. 167–184.

Bortz, J. / Döring, N. (2006): Forschungsmethoden und Evaluation für Human- und Sozialwissenschaftler. 4. Aufl. Heidelberg: Springer.

Bremerich-Vos, A. / Granzer, D. / Köller, O. / Behrens, U. (2009): Bildungsstandards für die Grundschule: Deutsch konkret: Aufgabenbeispiele – Unterrichtsanregungen – Fortbildungsideen. Buch mit Kopiervorlagen auf CD-ROM. Berlin: Cornelsen.

Brown, J. / Isaacs, D. (2007): Das World Cafe: Kreative Zukunftsgestaltung in Organisationen und Gesellschaft. Heidelberg: Carl Auer.

Conrady, P. / Sengelhoff, B. (2011): Der Sprachturm. Ein Kompetenzmodell, das vom Können der Kinder ausgeht. In: Grundschule, 43, H. 4, S. 32–33.

Corssen, J. (2004): Der Selbstentwickler, Wiesbaden (marix).

Daniels, L. M. / Haynes, T. L. / Stupniksy, R. H. / Perry, R. P. / Newall, N. / Pekrun, R. (2008): Individual differences in achievement goals: A longitudinal study of cognitive, emotional, and achievement outcomes. Contemporary Educational Psychology, 33, 548–608.

Dittrich-Brauner, K. (2008): Großgruppenverfahren: Lebendig lernen – Veränderung gestalten. Heidelberg: Springer.

Drucker, P. (1991): „Don't change corporate culture, use it". In: Wall Street Journal vom 28.3.1991, S. A 14.

Erlach, C. / Karin, T. (2004): Mit Geschichten implizites Wissen in Organisationen heben. In: Wyssusek, Boris (Hrsg.): Wissensmanagement komplex. Perspektiven und soziale Praxis. Berlin (Schmidt), S. 207–226.

Fengler, J. (2009): Feedback geben: Strategien und Übungen, Weinheim (Beltz).

Fox-Turnbull, W. (2006): The influence of teacher knowledge and authentic formative assessment on student learning in technology education. In: International Journal of Technology & Design Education, 16(1), S. 53–77.

Friedrich, H. F. / Mandl, H. (1992): Lern- und Denkstrategien – ein Problemaufriss. In: Mandl, H. / Friedrich, H. F. (Hrsg.): Lern- und Denkstrategien: Analyse und Intervention. Göttingen: Hogrefe, S. 3–54.

Fuchs, C. (2005): Selbstwirksam Lernen in schulischen Kontexten. Kennzeichen – Bedingungen – Umsetzungsbeispiele. Bad Heilbrunn (Klinkhardt).

Glasersfeld, v., E. (1999): Konstruktivismus und Unterricht. In: Zeitschrift für Erziehungswissenschaft. 2. Jahrg., Heft 4/1999, S. 499–506.

Goldsmith, M. (2000): Learning Journeys: Top Management Experts Share Hard-Earned Lessons on Becoming Great Mentors and Leaders, Boston (Brealey).

Granzer, D. (2010): Von Bildungsstandards zu ihrer Überprüfung: Grundlagen der Item- und Testentwicklung. In: Granzer, D. / Köller, O. / Bremerich-Vos, A. / Reiss, K. / Walther, G. / van Heuvel-Panhuizen, M. (Hrsg.): Bildungsstandards Deutsch und Mathematik. Leistungsmessung in der Grundschule. Weinheim: Beltz, S. 22–31.

Grossmann, K. P. (2005): Die Selbstwirksamkeit von Klienten – Ein Wirkverständnis systemischer Therapien, Heidelberg (Auer).

Hartkemeyer, J. F. / Hartkemeyer, M. (2005): Die Kunst des Dialoges – Kreative Kommunikation entdecken: Erfahrungen, Anwendungen, Übungen. Stuttgart: Klett Cotta.

Hattie, J. A. (2009): Visible Learning: A Synthesis of Over 800 Meta-Analyses Relating to Achievement. London: Routledge.

Hattie, J. A. (2012): Visible Learning for Teachers: Maximizing Impact on Learning. London: Routledge.

Hattie, J. A. (2014): Lernen sichtbar machen für Lehrpersonen. Überarbeitete deutschsprachige Ausgabe von „Visible Learning for Teachers" besorgt von Wolfgang Beywl und Klaus Zierer. Hohengehren: Schneider.

Hattie, J. A. / Timperley, H. (2007): The Power of Feedback. In: Review of Educational Research 77/1, S. 81–112.

Helmke, A. (2007): Unterrichtsqualität – erfassen, bewerten, verbessern. Seelze: Kallmeyer.

Helmke, A. (2009): Unterrichtsqualität und Lehrerprofessionalität. Seelze: Klett Kallmeyer.

Helmke, A. / Piskol, K. / Pikowky, B. / Wagner, W. (2009): Schüler als Experten von Unterricht. In: Lernende Schule, Jg. 46, Hf. 47, S. 98–105.

Holling, H./Gediga, G. (2010): Statistik – Deskriptive Verfahren, Göttingen (Hogrefe).

Holmann, P. / Devane, T. (Hrsg.) (2002): Change Handbook – Zukunftsorientierte Großgruppen-Interventionen. Heidelberg: Carl Auer.

Holtz, K. (2008): Einführung in die systemische Pädagogik, Heidelberg (Auer).

Hord, S. M. (1997): Professional learning communities: Communities of continuous inquiry and improvement. Austin Texas: Southwest Educational Development Laboratory.

Huber, S. G. (Hrsg.) (2008): Handbuch für Steuergruppen. Grundlagen für die Arbeit in zentralen Feldern des Schulmanagements. Neuwied: Link Luchterhand. Wolters Kluwer.

Ingenkamp, K.-H. (2008): Lehrbuch der pädagogischen Diagnostik, Weinheim (Beltz).

Isaacs, W. (2002): Dialog als Kunst, gemeinsam zu denken. Köln (EHP).

Jerusalem, M. (1998): Die Steigerung schulischer Selbstwirksamkeit – Empirische Befunde. In: Pädagogische Führung, Heft 2/1998, S. 72–75.

Jürgens, E. (2010): Leistung und Beurteilung in der Schule: Eine Einführung in Leistungs- und Bewertungsfragen aus pädagogischer Sicht, St. Augustin (Academia).

Kraus, G. u. a. (2004): Handbuch Change Management. Berlin (Cornelsen).

Karpinski, A. / D'Agonstino, J. (2013): The Role of Formative Assessment in Student Achievement. In: Hattie, J. A. / Anderman, E. (Hrsg.): International Guide to Student Achievmement. New York London: Routledge, S. 202–204.

Kuhl, J. (2009): Lehrbuch der Persönlichkeitspsychologie: Motivation, Emotion und Selbststeuerung, Göttingen (Hogrefe).

Kultusministerkonferenz (2000): „Aufgaben von Lehrerinnen und Lehrern heute – Fachleute für das Lernen". Beschluss der Kultusministerkonferenz vom 5. 10. 2000. Gemeinsame Erklärung des Präsidenten der Kultusministerkonferenz und der Vorsitzenden der Bildungs- und Lehrergewerkschaften sowie ihrer Spitzenorganisationen Deutscher Gewerkschaftsbund DGB und DBB – Beamtenbund und Tarifunion.

Kutner, L. (1995): Die Bedeutung der Selbstwirksamkeit für die Anpassung Jugendlicher an den gesellschaftlichen Wandel. In: Edelstein, Wolfgang. (Hrsg.): Entwicklungskrisen kompetent meistern. Der Beitrag der Selbstwirksamkeitstheorie von Albert Bandura zum pädagogischen Handeln, S. 74–84, Heidelberg (Asanger).

Lind, G. (2013): Meta-analysen als Wegweiser? Zur Rezeption der Studie von Hattie in der Politik. Download: http://www.uni-konstanz.de/ag-moral/pdf/Lind-2013_meta-analysen-als-wegweiser.pdf.

Locke, E. A. / Latham, G. P. (1990): A theory of goal setting and task performance. Englewood Cliffs, NJ: Prentice Hall.

Luhmann, N. / Schorr, K. E. (Hrsg.) (1982): Zwischen Technologie und Selbstreferenz – Fragen an die Pädagogik, Frankfurt am Main (Suhrkamp).

Mansell, W. (2009): Research reveals teaching's Holy Grail. In: Times Educational Supplement. 23. September 2009.

Martin, A. (2006): Personal bests (PBs): A proposed multidimensional model and empirical analysis. British Journal of Educational Psychology, 76, S. 803–825.

Meyer, H. (2004): Was ist guter Unterricht? Berlin: Cornelsen Scriptor.

Morisano, D. / Locke, E. (2013): Goal Setting and Academic Achievment. In: Hattie, J. A. / Anderman, E. (Hrsg.): International Guide to Student Achievmement. New York London: Routledge, S. 45–48.

Müller-Ruckwitt, A. (2008): „Kompetenz" – Bildungstheoretische Untersuchungen zu einem aktuellen Begriff, Würzburg (Ergon).

Owen, Harrison (2000): Open Space Technology – Ein Leitfaden für die Praxis. Stuttgart: Klett Cotta.

Pias, C. (Hrsg.) (2003): Cybernetics | Kybernetik. The Macy-Conferences 1946– 1953, 2 Bde., Zürich/ Berlin (Diaphanes).

Reeves, D. B. (2010): Transforming Professional Development into Student Results. Alexandria, Va.: ASCD.

Rosenholtz, S. (1989): Teachers' workplace: The social organization of schools. New York: Longman.

Schmitz, G. S. / Schwarzer, R. (2002): Individuelle und kollektive Selbstwirksamkeitserwartungen von Lehrern. In: Jerusalem, M. / Hopf, D. (Hrsg.): Selbstwirksamkeit und Motivationsprozesse in Bildungsinstitutionen. Zeitschrift für Pädagogik. Beiheft 44, Weinheim, S. 192–214.

Schweer, M. K. (Hrsg.) (2008): Lehrer-Schüler-Interaktion: Inhaltsfelder, Forschungsperspektiven und Methodische Zugänge, Wiesbaden (VS Verlag).

Selter, Ch. (2004): Zahlengitter – eine Ausgangsaufgabe, viele Variationen. In: Die Grundschulzeitschrift, H. 177, S. 42–45.

Simon, F. B. (1997): Die Kunst nicht zu lernen, Heidelberg, (Carl Auer).

Stoll, L. / Bolam, R. / McMahon, A. / Wallace, M. / Thomas, S. (2006): Professional Learning Communities: A Review of the literature. In: Journal of Educational Change, 7, S. 221–258.

Timperley, H. (2013). Feedback. In: Hattie, J. A. / Anderman, E. M. (Hrsg.), International guide to student achievement. London: Routledge (S. 402–405).

Ullmann, M. (2012): Schule verändern: Offenheit als Herausforderung in der Governance von Bildungsinnovationen, Wiesbaden (VS Verlag).

Visible Learningplus (o. J.): Foundation Workbook. Cognition education in association with Osiris educational.

Walther, G. / Selter, Ch. / Neubrand, J. (2008): Bildungsstandards Mathematik. In: Walther, G. / van den Heuvel-Panhuizen, M. / Granzer, D. / Köller, O. (Hrsg.): Bildungsstandards für die Grundschule: Mathematik konkret: Aufgabenbeispiele – Unterrichtsanregungen – Fortbildungsideen. Buch mit Kopiervorlagen auf CD-ROM. Berlin: Cornelsen.

Weick, K. (1995): Sensemaking in Organizations, New York (Sage).

Wirtz, M. / Nachtigall, C. (2006): Deskriptive Statistik – Statistik für Psychologen, Band 1. Weinheim: Juventa.

Witthaus, Udo / Wittwer, Wolfgang (Hrsg.) (2000): Open Space – Eine Methode zur Selbststeuerung von Lernprozessen in Großgruppen. Bielefeld: W. Bertelsmann.

Register